网络嵌入对
突破性创新的影响机制研究

WANGLUO QIANRU DUI
TUPOXING CHUANGXIN DE
YINGXIANG JIZHI YANJIU

黄继生 著

浙江工商大学出版社
ZHEJIANG GONGSHANG UNIVERSITY PRESS

图书在版编目(CIP)数据

网络嵌入对突破性创新的影响机制研究 / 黄继生著.
—杭州:浙江工商大学出版社,2019.1
ISBN 978-7-5178-3010-8

Ⅰ. ①网… Ⅱ. ①黄… Ⅲ. ①企业创新—研究 Ⅳ. ①F273.1

中国版本图书馆 CIP 数据核字(2018)第244572号

网络嵌入对突破性创新的影响机制研究

黄继生 著

责任编辑	谭娟娟	
封面设计	林朦朦	
责任印制	包建辉	
出版发行	浙江工商大学出版社	
	(杭州市教工路198号　邮政编码310012)	
	(E-mail:zjgsupress@163. com)	
	(网址:http: / /www. zjgsupress. com)	
	电话:0571-88904980,88831806(传真)	
排　版	杭州朝曦图文设计有限公司	
印　刷	杭州五象印务有限公司	
开　本	710mm×1000mm　1/16	
印　张	13.75	
字　数	198千	
版印次	2019年1月第1版　2019年1月第1次印刷	
书　号	ISBN 978-7-5178-3010-8	
定　价	46.00元	

| Perface | 前言

　　当前,在我国坚持深入实施创新驱动发展战略,推进大众创业、万众创新,加快创新型国家建设的大背景下,突破性创新相对渐进性创新受到社会更多的关注,正日益成为企业竞争与国家发展的重要途径。渐进性创新是基于现有知识和资源的能力改进型创新,而突破性创新起源于熊彼特的"创造性破坏"思想,是在产品、过程或商业模式上对现有的产品和服务进行重大改进,往往会引发本质性变革,改变现有的市场和产业,甚至带来全新的行业和市场。随着我国经济转型和产业升级的不断深入及新兴产业的迅速发展,新技术、新市场、新政策和新规则不断出现,人们的消费观念及消费行为发生重大转变,这都为企业开展突破性创新创造了有利契机。近年来,不断涌现出服务企业利用互联网技术进行商业生态系统创新,商业零售企业进军电子商务领域推出O2O商业创新模式,高新制造企业凭借技术突破自主研发创新产品等诸多突破性创新现象。

由于企业所拥有的创新能力和创新资源有限,需要通过网络嵌入来有效整合组织内外部资源。在实现创新的过程中,与外界进行社会互动,进而不断提高创新能力和创新绩效,这对于开展突破性创新的企业来说尤为重要。因此,在网络环境下的突破性创新实施过程,一方面可能会与现有社会制度结构产生冲突,受到所处社会制度环境的制约,缺乏社会或利益相关者对企业创新合法性的认可与支持,最易导致企业创新的失败,因而创新能否最终实现一定程度上也取决于能否获得制度上的合法性;另一方面,由于突破性创新投资大、风险高、不确定因素多,单个企业所拥有的资源往往难以满足突破性创新的要求,这就迫使企业必须寻求与外部组织的合作,建立各种社会网络关系来获取创新所需的信息、知识、资金等资源,企业迫切希望通过外部网络嵌入为其提供创新所需资源。

许多从企业社会网络视角入手的研究表明,企业网络具有促进企业创新和改善绩效的作用;也有研究从资源视角出发,分析创新资源对企业创新的重要作用;还有研究从制度理论分析视角出发,关注组织合法性对新创企业或创新企业成长与发展的重要性。总体来看,将多重理论整合起来探讨企业突破性创新的文献不多,一些研究忽略了企业网络对突破性创新的影响机制,因此对企业突破性创新能力的培育和提升的研究仍是一个黑箱。已有研究聚焦创新合法性的也不多,对创新合法性与突破性创新的影响关系探讨不够深入。鉴于此,本书从一个系统的角度有效整合企业网络理论、制度理论及资源理论,在相关研究的基础上,构建起了"网络嵌入—创新合法性获取和创新资源获取—突破性创新绩效"的理论逻辑架构,通过理论剖析、现场调查、人物专访和问卷发放等途径,力图深入剖析网络嵌入的特征对企业突破性创新绩效的影响。本书的研究对突破性创新领域的理论研究做出有益的扩展和补充,对企业突破性创新的决策和实施过程具有一定的现实指导意义。

| Contents | 目录

第一章 绪 论

第一节 研究背景 / 001

　一、现实背景 / 001

　二、理论背景 / 005

第二节 研究问题的提出 / 007

第三节 概念界定和本书结构 / 008

　一、网络嵌入 / 008

　二、创新合法性 / 009

　三、创新资源 / 010

　四、突破性创新 / 010

　五、本书结构 / 010

第二章　文献综述

第一节　突破性创新 / 013

　　一、突破性创新的概念内涵和类型特征 / 014

　　二、突破性创新的影响因素 / 016

第二节　网络嵌入 / 017

　　一、社会网络视角下的企业网络 / 017

　　二、网络嵌入概念的起源与发展 / 022

　　三、网络嵌入理论 / 024

　　四、网络嵌入对企业的影响 / 027

第三节　资源观理论 / 029

　　一、静态视角下的传统资源观 / 029

　　二、动态视角下基于能力与过程的资源观 / 031

　　三、网络环境下的资源观 / 034

第四节　合法性理论 / 036

　　一、组织社会学视角的新制度理论 / 036

　　二、合法性的概念界定 / 039

　　三、合法性的维度划分 / 041

　　四、合法性战略与应用 / 044

第五节　文献评述 / 046

第三章　探索性案例研究

第一节　案例研究设计 / 048

　　一、案例研究方法概述 / 048

　　二、理论预设 / 052

　　三、案例选择和数据收集 / 054

　　四、数据分析 / 056

第二节　案例企业简介 / 057

　　一、A互联网平台企业 / 058

二、S 商业零售企业 / 059

三、B 高新制药企业 / 059

四、X 环保科技企业 / 060

第三节　案例内分析 / 061

一、企业网络嵌入特征 / 061

二、创新合法性获取 / 064

三、创新资源获取 / 067

四、突破性创新绩效 / 070

第四节　跨案例分析 / 073

一、网络嵌入与创新合法性获取 / 074

二、网络嵌入与创新资源获取 / 075

三、创新合法性获取、创新资源获取与突破性创新绩效 / 077

四、网络嵌入与突破性创新绩效 / 079

第四章　概念模型构建

第一节　网络嵌入与企业突破性创新绩效 / 080

一、结构性嵌入与突破性创新绩效 / 081

二、关系性嵌入与突破性创新绩效 / 082

三、认知性嵌入与突破性创新绩效 / 084

第二节　创新合法性获取的中介作用 / 085

一、创新合法性获取与突破性创新绩效 / 086

二、结构性嵌入与创新合法性获取 / 087

三、关系性嵌入与创新合法性获取 / 088

四、认知性嵌入与创新合法性获取 / 089

第三节　创新资源获取的中介作用 / 090

一、创新资源获取与突破性创新绩效 / 090

二、结构性嵌入与创新资源获取 / 091

三、关系性嵌入与创新资源获取 / 092

四、认知性嵌入与创新资源获取 / 093

第四节　创新合法性获取与创新资源获取 / 094

第五章　实证研究方法论

第一节　问卷设计 / 097

第二节　变量测度 / 099

一、被解释变量 / 100

二、解释变量 / 102

三、中介变量 / 107

四、控制变量 / 110

第三节　数据收集 / 111

第四节　数据分析方法 / 115

第六章　实证研究

第一节　信度和效度检验 / 119

一、解释变量 / 120

二、被解释变量 / 128

三、中介变量 / 130

第二节　回归分析 / 134

一、相关分析 / 134

二、回归三大问题检验 / 135

三、回归相关分析 / 136

四、回归分析小结 / 142

第三节　结构方程分析 / 142

一、数据分析和处理 / 142

二、初始模型构建 / 146

三、模型初步拟合 / 148

四、模型修正与确定 / 149

五、结构方程建模分析小结 / 151

第四节　实证结果的进一步分析与讨论 / 152

一、结构性嵌入对突破性创新绩效的作用 / 152

二、关系性嵌入对突破性创新绩效的作用 / 153

三、认知性嵌入对突破性创新绩效的作用 / 155

第七章　结论与展望

第一节　主要研究结论 / 159

第二节　理论贡献与实践启示 / 163

一、理论贡献 / 163

二、实践启示 / 165

第三节　研究局限与未来研究展望 / 167

参考文献 / 169

附录一：访谈提纲 / 195

一、请您简要介绍贵公司的基本情况 / 195

二、请您谈谈贵公司在实施创新过程中与外界联系互动的情况 / 195

三、请您谈谈与外界的联系合作关系对贵公司创新结果的影响 / 196

附录二：调查问卷 / 197

网络嵌入与突破性创新绩效关系研究调查问卷 / 197

第一部分：企业基本情况（仅用于统计目的） / 198

第二部分　问卷正文 / 198

致　谢 / 205

第一章
绪　论

第一节　研究背景

一、现实背景

（1）创新驱动发展战略下突破性创新成为企业竞争与国家发展的一条重要途径。

在知识经济时代下，创新已成为驱动发展、提高企业竞争力和国家综合国力的关键要素。当前世界各国纷纷强化创新战略部署，创新实践在全球得到迅速开展。20世纪后期，随着高新技术的飞速发展，突破性创新相比渐进性创新受到社会更多关注，突破性创新已经成为公司竞争与国家发展的基石。统计表明，首创或突破性创新占美国技术创新的78%，对推动美国经济持续繁荣发挥了关键作用（Miller，Hobday & Lerouxdemer，1995）。对北美地区的有关调查显示,95%的公司高层认为,作为本行业创新领导者,企业需要创造出突破性的产品和服务,努力开辟新的市场,或拓展和改变现有市场,不断开发潜在需求以保持持续竞争力。我国自2006年提出自主创新及建设创新型国家重大战略以来,当前国家自主创新能力得到了全面提升,企业创新已彰显主体能量。《中国自主创新能力建设2014年度报告》指出,2014年我国研发经费支出为13 312亿元,全社会研发支出的76%为企业研发支出,全国研发人员总数的77%来自企业,国内有效发明专利总量的55%属于企业,国家科技进步奖获奖项目的76.3%由企业参与完成。这些数据说明,近年来,我国企业已高度关注自身创新能力的培育和成长,也意识到必须依靠不断提升自主创新能力去赢得市场竞争。

然而,与国外发达创新型国家相比,我国作为后发国家要想实现跨越式发展,企业就必须由单纯消化、吸收向自主创新、突破性创新的方向转变。实践证明,突破性创新是后发国家和企业实现经济赶超与技术跨越的根本途径(张洪石,陈劲,2005)。随着我国经济转型和产业升级的不断深入,以及新兴产业的迅速发展,新技术、新市场、新政策和新规则不断出现,人们的消费观念和消费行为发生重大转变,这为企业开展突破性创新创造了有利契机。近年来,随着互联网技术的应用在我国普及,依托"互联网+"的网购、移动支付、金融等新商业模式不断创新产品和服务,已成为我国消费领域具有发展潜力的新业态。另外,我国倡导的战略性新兴产业的起步阶段,技术创新活动非常活跃,随着新技术不断产生,一些突破性创新的发生频率也将越来越高(冯飞,王晓明,王金照,2012)。麦肯锡全球研究院(2015)提出,中国已具备成长为全球创新领导者的潜能,目前需要加快从"汲取创新"向"领导创新"的转变,可涉猎更多的突破性创新,从而在全球市场上展开技术能力的竞争。鉴于此,我国提出将坚持深入实施创新驱动发展战略,"十三五"规划也突出强调了在科技、环境、能源和教育等领域的突破性创新,对于渡过环境退化、技术落后等方面危机的重要性。

(2)网络化创新范式下网络嵌入成为企业获取突破性创新资源的必经之路。

在信息技术和知识经济时代背景下,企业组织呈现出网络化发展趋势,其处于一个由供应商、客户、竞争对手等外部相关组织相互作用、相互影响的网络组织环境中(Allee & Taug, 2006)。组织网络化发展是企业为适应网络环境，以此赢得市场竞争和实现价值创造的客观需要，以及借此塑造和保持其核心竞争力的重要渠道和手段(张钢,于小涵,2005;邬爱其,贾生华,2007)。在网络竞争环境下，任何单个企业都不可能完全独立地开展创新，企业对外部资源的依赖性越来越强。企业为实施创新，就需要寻求外部网络合作来获取关键信息和技术、异质性知识、高素质人才和充足的资金等创新资源。因此，企业的社会网络是创新活动的重要渠道和载体，它为网络各参与者提供了协作交流的有效机制，也是企业创新的原动力(李维安,邱绍良,2007;Peter & Batt, 2008)。

随着企业创新模式向网络化范式转变，创新网络逐渐成为创新活动的重要形式。创新网络的优势在于可以获得互补性资源，如知识、信息、资金及其他物质资源(Porter, 2000)。这些网络资源是企业获取竞争优势的重要战略性资源，而网络嵌入则是获取这些网络资源的必经之路。对创新性企业而言，企业的创新发展很大程度上受制于创新资源的丰裕程度，鉴于资源稀缺性和企业创新能力的局限性，没有一个企业完全具备满足各个领域所需的创新资源和创新能力，这对于开展突破性创新的企业来说也不例外。突破性创新投资大、风险高、不确定因素多，这更加决定了单个企业无法仅依靠自身的技术、资金、人员就能成功，企业必须寻求与供应商、行业协会、竞争企业、用户、政府部门、中介机构、高校和科研机构、金融机构、风险投资机构等外部组织的联系与合作，与外部组织间的关系一定程度上决定了其获取相关信息、资金和知识等创新所需关键资源的水平。具体来讲，突破性创新企业通过网络嵌入，可以及时获得市场发展趋势及市场需求方面的信息，这有利于企业及时发现并抓住外部市场机会，基于更准确的市场判断做出合理的创新决策;可以有效获取和掌握新技术、新知识和高水平的人力资本，提高企业突破性创新的开发能力;可以积极获取政府政策扶持及外界资金支持，增强企业开展突破性创新的动力。由此可见，网络嵌入能为企业提供获取资源、共享资源、创造和运用资源的机会与途径，进而扩展了企业的资源范畴和能力体系及价值创造空间(Allee, 2008)，并且成为突破性企业获取创新资源和提高创新能力的重要基础条件之一。

(3)制度环境下创新合法性对突破性创新能否最终实现具有很关键的影响。

长期以来,对于组织领域盛行的效率机制的解释逻辑是,人们所看到的组织现象都是组织为追求效率的驱动结果。而与其迥然不同的合法性机制则认为,组织不仅追求适应技术环境,而且受制于其所处的制度环境。制度环境是指那些以完善的规则和规范要求为特征的环境(Scott & Meyer,1983),例如,那些来源于政府管制机构的规则和规范,或来源于专业或行业协会的规则和规范,或来源于文化认知或信仰系统的规则和规范,等等。企业在制度环境中的运行机制是合法性机制,必须遵守相关的规则和规范要求来获得组织合法性与创新资源,由此谋求企业的生存和发展(Meyer & Rowan,1977;DiMaggio & Powell,1983)。因此,制度环境下的企业突破性创新行为会受到来自规制、规范和文化认知层面的制度约束(Scott,2001),创新合法性的制度化过程就是塑造外部制度环境对企业创新的合法性感知。由于突破性创新是在产品、过程或商业模式上对现有的产品和服务进行重大改进,往往会引发本质性变革,改变现有的市场和产业,并带来全新的行业和市场。在实施过程中,可能与现有社会制度结构产生冲突,受所处社会制度环境制约,往往面临能否跨越创新的"合法性门槛"的问题。事实上,大多数创新活动之所以失败,并不是因为没有市场潜力,而是由于创新过程中与利益相关者未能建立起信任关系,从而失去制度的支持(Aldrich & Fiol,1994;丁浩,王炳成,段洪亮,2013)。因而,企业开展突破性创新能否获得制度方面的合法性,将在很大程度上决定创新能否最终达成。

在制度约束下,创新的合法化过程对其市场化尤为关键,创新获得市场接受才称得上是成功的创新。企业突破性创新的市场化过程,因其创新特征往往对既有产业或企业造成很大影响,将会面临更高的合法性障碍,这就需要企业在向市场引入突破性创新时,统筹兼顾,考虑利用现有制度及公众认知等影响因素来构建创新的合法性(Hargadon & Douglas,2001;李宏贵,2011)。当前,我国正处于结构调整和制度不断完善的经济转型期,随着信息技术和知识经济的快速发展,也为企业突破性创新提供了机会窗口。与此同时,创新企业也将面临一些既有社会制度层面的约束,比如监管机构的多方管制,产业或行业领域更严的标准和规范要求,以及人们对新事物的理解与接受程度,等等。事实上,当前在依托"互联网+"而产生的新业态领域中,互联网金融产品、共享经济的专车模式等突破性创新颠覆了传统行业的理念和模式,已经因引发社会争议而面临合法性挑战。由此可见,企业的创新需要得到来自社会制度环境多个层面的合法性支持,其不单单是基于法律法规方面的合法性,尤为重要的是,还需要获得来自更深层次的文化与价值体系的合法性认可和支持。

二、理论背景

(1)企业社会网络理论与资源观理论的融合。

随着组织的网络化发展,从企业外部合作者的资源视角对组织间网络进行研究受到了诸多学者的关注。很多研究表明,企业所嵌入网络中的其他成员所拥有的资源,会对企业的网络行为和绩效产生一定影响,这超越了传统资源观将企业竞争优势来源局限于自身所拥有的资源这一观点,也弥补了传统网络研究对节点特征差异性的忽视(寿柯炎,魏江,2015)。传统资源观认为,企业拥有的资源不同,导致了企业绩效的差异,企业竞争优势源于其拥有的那些很难被竞争对手复制和模仿的异质性资源(Barney,1991)。社会网络理论认为,任何经济组织或个体都与外界存在一定的"社会关系",即嵌入于一个由多种社会关系交织而成的网络中(Granovetter,1985)。研究表明,网络影响企业竞争优势的关键,源于企业所处的网络中蕴含了关键的创新资源,而正是那些嵌入于各种社会网络中所能获取的且难以被竞争者模仿的资源,将成为企业获得竞争优势的关键,这种资源可称之为网络资源(Dyer & Singh,1998;Gulati,1999)。因而,企业在加强自身拥有资源的同时,也应注重借由网络嵌入来获取那些异质性资源,而所嵌入网络的特征将会影响企业对网络创新资源的获取能力,由此最终在企业创新绩效上存有差异。其实,网络资源观概念的提出衔接了社会网络理论和资源观理论(Lavie,2006;Huggins,2010),这是对传统资源观在社会网络情境中的拓展,而作为传统资源观和社会网络理论对接融合的新视角,网络资源观为这些组织新现象提供了理论基础。

(2)组织创新研究的制度理论分析视角。

自20世纪70年代以来,对组织社会学的制度分析越来越成为学术界研究的热点。新制度主义学派强调合法性机制在组织内部、组织与外部制度环境互动中的重要作用,并认为许多组织行为并非效率驱使,而是源于在社会建构的规范世界中组织追求合法性以求生存发展的需要(Meyer & Rowan,1977;DiMaggio & Powell,1983;Zucker,1987;Scott,2001)。合法性机制指的是社会的法律制度、文化观念、某些社会规范与某种特定的组织形式跃迁成为广为接受的社会事实后,形成了规范人们内在行为的观念因素,将诱致或迫使组织采用与这种共享观念内涵相符的组织结构或组织制度(周雪光,2003)。

在企业创新研究领域,大多研究都关注和聚焦于创新的技术层面,而对创新的制度环境层面及社会结构方面较少提及(杜运周,张玉利,2008)。随着组织分析的新制度主义发展成为组织分析的主流观点之一,近年来,创新研究的制度分析视角逐渐受到关注。制度理论阐明了企业与所处制度环境存在客观联系,企业创新行为会受制于制度环境影响的观点,强调企业不能一味追求经济效益,更需要依赖于制度的认可和支持来获取创新的合法性,将创新合法性获取考虑到企业创新实践的行为中去,从而获得创新的成功。可见,企业创新活动能否适应现有制度框架很大程度取决于创新的合法性(张玉利,杜国臣,2007),合法性也往往被看成制度变化的关键驱动要素(Tost,2011)。在创新实践中,尤其是那些不连续的、激进的突破性创新显著地区别于已有的制度体系(Tushman & Anderson,1986),又鉴于创新技术或产品会对现有制度造成冲击,因而企业面临的首先任务是如何克服这些障碍以实施创新(Bower & Christensen,1995)。为此,创新企业在与外界的互动中,要遵从外部制度环境的约束,努力获取制度方面的认可和支持;同时,也要发挥自身的主观能动作用,向外部施加影响和创造对自己有利的制度环境。一些研究也表明,创新企业采取相应策略来获得企业合法性后,对企业绩效的提升产生了积极影响(Gulati & Sadler,2002;Deeds,Mang & Frandsen,2004;徐二明,左娟,2010;吴月瑞,2011;彭伟,顾汉杰,符正平,

2013;李玉刚,童超,2015）。

第二节　研究问题的提出

基于上述现实背景和理论背景,本书认为,在网络环境下突破性创新的实施过程中,一方面,其可能会与现有社会制度的结构产生冲突,受到所处社会制度环境的制约。缺乏社会或利益相关者对企业创新合法性的认可与支持,很容易导致企业创新的失败,因而,企业突破性创新能否获得制度方面的合法性,将在很大程度上决定了创新能否最终实现。另一方面,由于突破性创新投资大、风险高、不确定因素多,单个企业所拥有的资源往往难以满足突破性创新的要求,这就迫使企业必须寻求与外部组织的合作,构建各种社会网络关系,嵌入于外部网络中,以摄取创新所需要的信息、资金、知识等关键资源。

文献梳理发现,现有的许多研究从社会网络或社会资本视角,对创业创新领域进行了理论分析和实证研究;也有些研究从资源视角入手,强调创新资源对于创新发展的关键性;也有基于制度理论分析视角,关注组织合法性对新创企业或创新企业成长与发展的重要性。总体来看,将多重理论整合起来探讨企业创新的文献不多,一些研究忽略了企业网络对突破性创新的影响机制,因而对如何培育和提升企业突破性创新能力的研究仍是一个黑箱。已有研究也缺乏聚焦创新合法性这一视角,对创新合法性与突破性创新的影响机理,缺乏深入的理论分析及实证研究。因此,本书从一个系统的角度整合企业网络理论、制度理论及资源理论,在相关研究的基础上,将企业突破性创新作为研究情境,探究企业网络嵌入与突破性创新绩效的作用机理。为揭示其机理过程,本书以创新合法性获取和创新资源获取为中介变量,构建起"网络嵌入—创新合法性获取和创新资源获取—突破性创新绩效"的理论逻辑架构,具体对以下三个问题进行探讨:

问题一:企业所嵌入网络的维度构成有哪些? 不同的网络维度特征对突破性创新绩效有怎样的影响?

根据有关网络嵌入研究的文献,学术界对网络维度的划分存在差异,大多学者认为,企业网络嵌入特征会对创新绩效产生重要影响,但这种影响的方向、程度怎样,还存在诸多分歧。本书通过文献梳理与理论推演,基于创新的网络化研究视角,对企业创新网络嵌入进行概念上的界定和维度划分,并考察它们各自是如何影响企业突破性创新绩效的。

问题二:制度理论视角的创新合法性构念及维度特征如何刻画? 基于网络资源观视角的突破性创新所需资源包括哪些? 创新合法性获取与创新资源获取程度对突破性创新绩效有何影响?

本书针对组织制度分析的合法性概念、要素构成及网络资源观理论的内涵进行理论综述;同时基于前人的研究成果,对创新合法性和创新资源进行概念上的界定和维度划分;通过半结构化的访谈与进一步理论分析,提出创新合法性获取及创新资源获取分别与突破性创新绩效的关系假设;通过企业问卷数据分析,实证检验它们对突破性创新绩效的影响关系。

问题三:网络嵌入与突破性创新绩效间的作用机理是怎样的? 存在哪些中介因素?

以往的研究大都将重点放在网络嵌入对创新绩效的直接影响上,对网络嵌入如何影响突破性创新绩效的作用机制探讨不够。为了揭示网络嵌入影响突破性创新绩效提升的过程机理,打开两者之间的"黑箱",本书引入创新资源获取和创新合法性获取两个构念,深入分析网络嵌入对突破性创新绩效的影响,并检验它们在网络嵌入与突破性创新绩效两者关系中的中介效应,以此阐释网络嵌入对突破性创新绩效的影响机制。

第三节 概念界定和本书结构

一、网络嵌入

随着组织网络的出现和盛行,越来越多的学者对社会结构与经济行为的关系展开研究。网络嵌入概念最早由 Polanyi(1944)提出,是指一个组织内部或者组织间由于过去的交往和联系而逐渐形成的日常化和稳定的联系。Granovetter(1985)认为,企业不能独立于社会环境之外,而是嵌入于所处社会网络之中,其行为受到组织间相互社会关系的影响。Uzzi(1996)将"嵌入"定义为社会关系网络影响经济行为的过程。因此,基于"嵌入"的观点是,企业创新是企业的一项基本活动,其开展也处于企业所嵌的关系网络中,因而难免受制于网络内其他行动者的行动,同时也会影响其他行动者的行动。

目前,学术界将网络嵌入主要划分为结构性嵌入、关系性嵌入和认知性嵌入三种。结构性嵌入指企业与其嵌入的网络的联系和结构的整体模式,反映了网络结构对企业行为的影响程度。关系性嵌入指网络组织间在社会互动过程中建立起来的具体的人际关系,反映出网络成员之间紧密而具有高品质的互动关系。认知性嵌入指网络组织间共同理解的表达、解释与意义系统内的那些资源,反映出网络成员之间形成的一种共同认知模式和观念。本书将借鉴已有研究并结合本书的研究主题,对创新企业的网络嵌入特征进行描述及考察。

二、创新合法性

合法性是组织社会学制度理论研究领域中的重要概念,合法性很好地解释了组织的社会嵌入性。Suchman(1995)指出,合法性是一种普遍的观念或假设,即某个实体的行为在社会建构的规范、价值、信念和身份系统中是可取的、正当的和恰当的。根据研究需要,本书将企业开展创新活动视为企业的一种行为,基于组织社会学的新制度理论,依托Suchman等学者对合法性的定义,认为创新合法性是指企业的突破性创新在社会建构的规范、价值、信念和身份系统中被利益相关者接受或认可的一种普遍性观念或假设。沿用Suchman对合法性的分类,本书突出社会网络主体"利益相关者"对企业创新的认知,从创新的实用合法性、道德合法性、认知合法性等三个层面考察创新合法性。实用合法性源于利益相关者自身的考虑而支持企业政策;道德合法性源于外界基于道德规范对企业行为是否正确的评判;认知合法性来源于企业创新被认为"有意义"或"理所当然"的程度。

三、创新资源

在网络化创新情境下,由于创新资源的稀缺性,企业自身无法拥有创新需要的一些关键资源,从外部其他组织获取必要资源已成为必然(Scott,1992)。因此,为了追求创新,企业需要与供应商、中介机构、政府部门、客户、行业协会和科研机构等外部组织进行联系,来获得、发展和交换各种知识、信息和其他资源。企业创新网络的基本内涵在于帮助企业获取创新资源,这类网络资源是从企业与其他组织的联结关系中得到的有价值的关键资源(Gulati,1999)。本书基于网络资源观视角的创新资源,是指企业为实现突破性创新所需的那些存在于企业网络之中的有价值的关键信息、知识、技术及资金等资源。

四、突破性创新

突破性创新是相对渐进性创新而言的,它起源于熊彼特的"创造性破坏"思想。突破性创新是一种高度非连续性的、具有革命性本质的创新(Tushman & Anderson,1986),旨在引入与现有技术(产品)不同的技术(产品)或比现有技术(产品)能更好满足关键客户需求的新技术(产品)(Chandy & Tellis,1998),或是将独特、新奇和精妙的技术运用于新的产品,并能显著改变市场消费模式的一种创新(Zhou,Yim & Tse,2005)。在综合已有研究的基础上,本书将突破性创新定义为"企业在产品、技术、商业模式和过程等方面实施创新,对现有的产品(服务)进行重大改进,使产品(服务)的主要性能指标发生较大改变,甚至创造出一种全新的产品,有效地改变了市场需求,对当前产业结构和市场竞争状态产生重大影响的创新类型"。对于突破性创新绩效,可以从产品绩效、市场绩效和财务绩效几个方面来综合考量。

五、本书结构

本书共分为七章(图1-1):

第一章为绪论。本章对研究的现实和理论背景进行分析,由此提出研究的主要问题,界定研究所涉及的相关概念,介绍本书章节安排。

第二章为文献综述。本章主要对相关文献进行全面总结和梳理,包括突破性创新、企业网络、网络嵌入、资源观和制度理论等领域的相关研究进展及前沿动态,厘清本书的研究与现有理论的承继、完善及拓展的关系,进而为本书构建关于网络嵌入影响企业突破性创新绩效机制的分析框架奠定理论基础。

第三章为探索性案例研究。基于对相关文献评述得出的启示,选取四

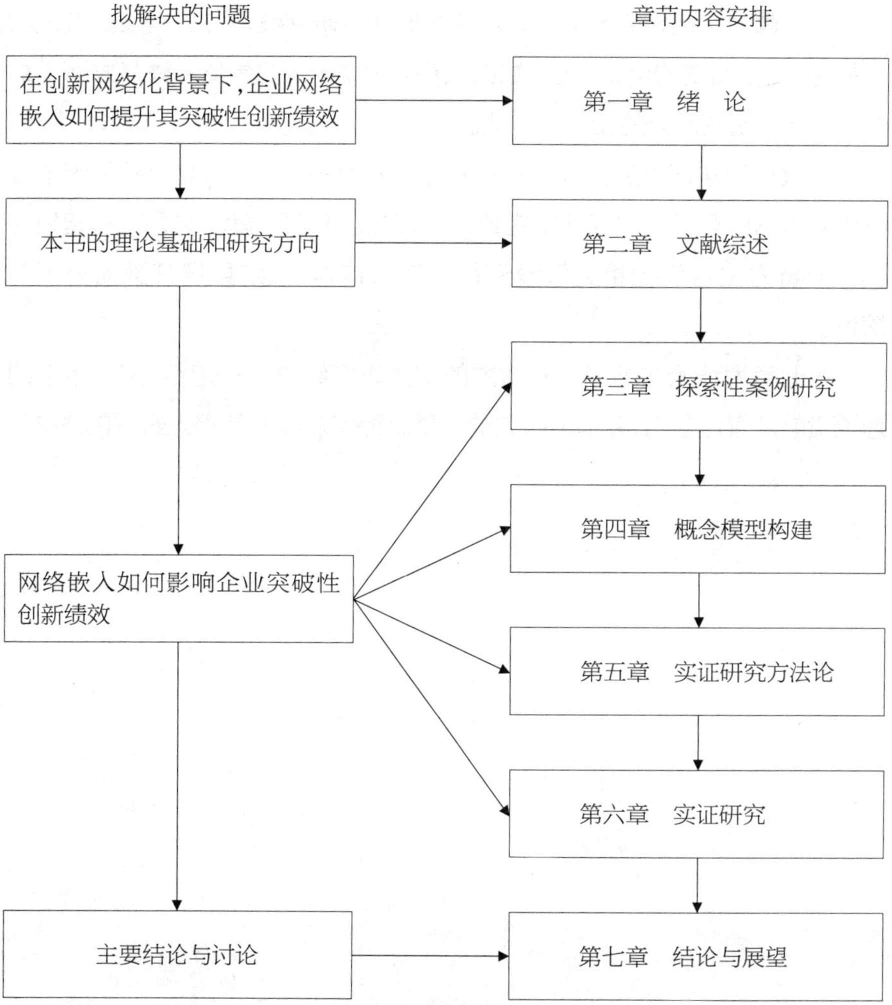

拟解决的问题   章节内容安排

拟解决的问题	章节内容安排
在创新网络化背景下,企业网络嵌入如何提升其突破性创新绩效	第一章 绪 论
本书的理论基础和研究方向	第二章 文献综述
网络嵌入如何影响企业突破性创新绩效	第三章 探索性案例研究
	第四章 概念模型构建
	第五章 实证研究方法论
	第六章 实证研究
主要结论与讨论	第七章 结论与展望

图1-1 本书的章节内容安排

个典型案例开展探索性案例研究。通过理论预设、典型案例选择、调研数据收集、案例内分析，以及跨案例比较等研究步骤，推导出关于网络嵌入、创新合法性获取及创新资源获取与突破性创新绩效间关系的初始研究命题，为后续研究提供了源于实践的构想。

第四章为概念模型构建。本章基于前一章节所提的初始研究命题，对相关研究文献做进一步梳理及更深入的理论推演，构建网络嵌入对企业突破性创新绩效的影响机制概念模型（将创新合法性获取、创新资源获取作为部分中介变量），并提出相关研究假设。

第五章为实证研究方法论。本章主要从调研问卷设计过程及其偏差防范措施、变量测度的可操作性、数据收集过程、实证工具及方法等方面详细阐述了实证研究部分的设计和方法。

第六章为实证研究。本章使用描述性统计分析、信效度分析和因子分析等对本书所获样本数据做了定量分析，并运用回归模型、结构方程建模等实证分析方法对所提相关假设进行验证，且对实证结果展开深入分析与探讨。

第七章为结论与展望。对本书的重点研究结论进行总结，阐述本书的理论贡献及管理启示，并指出研究的不足之处和后续有待深入研究的方向。

第二章
文献综述

第一节　突破性创新

自创新理论提出以来，实践证明，创新对于企业发展意义重大。企业需要开展各种类型创新以创造竞争优势已成为各界共识。随着信息技术、科技革新的飞速发展与加快，突破性创新能为企业带来发展潜力和巨大市场机遇，越来越多的企业开始将其视为创新发展的有效途径。突破性创新对企业保持可持续竞争优势充当着十分重要的角色，相比于那种基于现有知识和资源进行改进的渐进性创新，突破性创新能给企业带来更大的利益。因此，在竞争激烈的市场环境之下，企业要想保持长久的生存和发展，就必须不断地进行创新，尤其是开展突破性创新。

一、突破性创新的概念内涵和类型特征

突破性创新源于创新理论奠基人熊彼特的"创造性破坏"思想,即"新技术与新技能导致的技术变革与创造性破坏过程的长期波动,创造或重新定义了企业与现有市场"(Schumpeter,1934),这一思想表达了突破性创新的根本特征。在关于突破性创新的英文术语中,"Breakthough Innovation"和"Radical Innovation"等被学界广泛接受(Zhou,Yim & Tse,2005;Song & Di,2008;Tellis,Prabhu & Chandy,2009;陈劲,戴凌燕,李良德,2002;张洪石,2005;薛红志,张玉利,2006;秦剑,2012)。另外,一些学者有时也使用"Disruptive Innovation"或"Discontinuous Innovation"或"Non-linear Innovation"等术语替代定义突破性创新。自Abernathy & Utterback(1978)提出突破性创新概念及理论以来,随着对突破性创新理论的研究及企业实践的发展,学术界从不同研究视角和侧重点,进一步拓展了突破性创新的概念和内涵。

例如,Dess & Beard(1984)认为,突破性创新建立在一整套多样化的工程与科学原理的基础上,往往能开启新的潜在市场与应用,其结果极有可能引发整个产业重新布局。Tuchman & Anderson(1986)指出,突破性创新是一种高度非连续性和拥有革命性本质的能力突破型创新。Henderson & Clark(1990)认为,突破性创新是以全新的技术来替代现有技术,使得产品架构发生重大改变,从而开辟出全新产业或市场的一类创新。March(1991)基于新技术探索视角,认为突破性创新将涉及全新的产品或全新的工艺,或者两者兼而有之。Chandy & Tellis(1998)提出,突破性创新指引入与现有技术(产品)不同的技术(产品)或能比现有技术(产品)更好地满足现实或潜在用户需求的新技术(产品)。Kotelnikov(2000)提出,突破性创新将使产品生产、工艺设备或技术服务具有史无前例的性能特征或技术特征,但无论是产品性能还是质量的提升,抑或是创造出一种全新产品,它必将能在工艺、产品和服务等领域创造出有意义的变革,此变革将改变现有市场和产业以创造出新产业和市场。Leifer(2000)认为,突破性创新是以全新理念或全新技术,抑或是以高额成本的削减为前提的新业务或生产线的开发,它将会改变整个产业的竞争结构,能把现有绩效提高5倍及以上,且可以节约30%及以上的成本。Zhou,Yim & Tse(2005)指出,突破性创新是将独特、新奇和精妙的技术运用于新产品中,并能显著改变市场规则和消费模式的创新类型。Song & Di(2008)认为,突破性创新是一种产品、技术、过程和商业模式的创新,它对现有的产品和服务进行了重大改进,从而获取了现有的和潜在的顾客市场。

与此同时,国内一些学者也对突破性创新的概念进行了界定。如陈劲、戴凌燕和李良德(2002)指出,突破性创新并不按照公司主流用户的需求性能改进轨道而进行改进,也可能暂时还难以满足主流用户的需求。张洪石(2005)将突破性创新定义为,可致使产品性能指标得到巨大跃升,会对现有市场规则和竞争态势产生重大影响,并由此带来市场竞争结构和产业格局重新调整的一类创新。薛红志(2006)认为,突破性创新是构建在现有知识基础上的完全不同的新的知识,它将对现有的技术产生替代或破坏作用,乃至新技术主导范式涌现。

综观现有研究,学术界对突破性创新的认识逐渐趋向统一,主要从技术、产品和市场等方面对突破性创新进行诠释。具体到本书,我们认为,突破性创新旨在通过大幅提升现有技术或引入全新技术,使现有产品(服务)的关键指标性能和质量得以较大提升;或者创造出一种全新的产品(服务),给当前的产业结构和市场竞争状态带来重大冲击,并有可能创造出全新的市场或产业。因此,就定义而言,可以从两个角度来理解突破性创新的内涵,从对外部市场的影响来看,突破性创新是指技术层面和产品层面的创新。事实上,关键是通过创新产品(服务)、创新流程、创新已有技术等方面进行突破。从对企业自身的影响来看,突破性创新是指企业突破性的商业模式,在商业模式上的创新可通过创新价值主张、创新供应链、创新目标客户等方式实现。

有关突破性类型方面,Leifer(2000)基于市场和技术标准对突破性创新进行分类。他通过对11家企业案例的突破性创新项目进行为期6年的跟踪研究,以技术演化与市场应用为刻画标准将突破性创新划分为三类:一是基于已有的技术或市场领域的突破性创新,它旨在通过研发全新的技术(产品)来代替现有技术(产品),且针对的目标客户和市场与现有产品相匹配,因而创新加强了企业在所熟悉的现有市场中的地位,更好地满足了企业现有客户发展的需求。二是与现有业务相关的全新业务创新。这类创新是针对企业现有的一系列操作业务,开辟出一个全新的战略业务单元。三是在企业已有的发展战略规划之外的突破性创新。这类创新是企业在发展规划中未预期的,能够开辟出一个不同于以往的全新产品线和全新市场,其能为企业创造巨大的市场机遇,但同时也具有很强的外部不确定性。

二、突破性创新的影响因素

关于突破性创新影响因素的研究,学者们也进行了较深入的探索,大体将影响突破性创新的因素归结为环境、结构、组织、过程和管理等五个方面(Rochford & Rudelius, 1997; Moorman & Miner, 1997; Koberg, Detienne & Heppard, 2003; 张洪石, 2005; 薛红志, 2006)。若从企业内外部视角看,一方面,在突破性创新的过程中,企业组织结构和流程是影响突破性创新的关键因素。Hewitt-Dundas & Roper(2000)认为,组织和流程的变化是促进突破性创新产生的前提。Lynn(2001)进一步从组织动态能力方面阐释了组织及其流程的僵化会导致突破性创新面临失败的原因。Tushman & O'Reilly(1996)首次提出,"二元性组织"是企业尤其是大企业进行突破性创新的适合模式。陈劲、戴凌燕和李良德(2002)提出了更为具体的适合突破性创新的"二元性组织"模式,指出这一模式可以有效打破企业在实施突破性产品创新中所面临的组织困境。张洪石(2005)也认为,松散的组织结构和宽松的运作流程更符合突破性创新的要求,他提出了"泛二元性组织"的概念,即在组织结构、组织文化、资源获取、能力获得、激励机制和评价标准等方面普遍具有二元性,这种新型组织模式能够同时适合进行渐进性创新和突破性创新。此外,就组织规模而言,一些学者认为,相比于小企业,大企业由于管理刚性、缺乏灵活性而不大愿意进行突破性创新(Uan, Polley & Garyd, 1999; 苏敬勤, 崔淼, 2011);而另一些学者则认为,大企业由于资源比较丰富,风险承担能力较强,在开展突破性创新方面更具有优势(Chandy & Tellis, 2000; Ali, 2010)。

另一方面,组织外部环境特征对开展突破性创新有重要影响。有研究表明,当企业的外部环境不确定性或动态性较强时,将会迫使其提高实施突破性创新的速度(Tushman & O'Reilly,1996;Koberg,Detienne & Heppard,2003)。另外,在面对外部多变的环境时,由于企业拥有的资源和其创新能力有限,不大可能完全依靠自身就成功实现突破性创新,这就需要突破性创新企业在保持独立的同时,也以一定的形式主动与外部保持联系,即构建创新网络(张洪石,2005)。突破性创新的网络化研究具有重要价值和意义,从网络理论和资源理论视角看,创新网络是企业从外部获取创新所需资源的重要途径(Gulati,1999;孙圣兰,2008),同时,企业也可通过构建创新网络来提升企业突破性创新方面的相关能力(齐延信,吴祈宗,2006;范钧,郭立强,聂津君,2014)。

总之,理论研究和实践活动都表明,突破性创新的成功实施是一个系统的过程体系。突破性创新具有极强的不确定性,因而企业对突破性创新的管理将会面临较大挑战,包括如何收集各种构思和创意、管理突破性创新项目、探索突破性商业模式、缩小所需资源差距、加速新项目实际运营、构建突破性创新能力及管理体制等(Leifer,2000;秦剑,王迎军,2010)。这就要求开展突破性创新的企业在市场、资源和组织等方面,必须具有应对较强不确定性的管理能力。事实上,在实施突破性创新的过程中,企业无法完全仅靠自身的资源和能力,更要注重加强与外部的联系和合作,从而获得突破性创新的成功。为此,本书从创新网络化视角对突破性创新进行探究,下文将对企业网络研究的相关文献展开回顾。

第二节　网络嵌入

一、社会网络视角下的企业网络

在世界经济网络化和知识经济飞速发展的当今时代下,双向互动的网络化组织逐渐发展成为组织的主导模式与范式,网络已成为管理领域最热门的概念之一。对企业网络的形成、网络行为及其作用机制等的研究受到了学者们的广泛关注,学者们也越来越关注企业如何嵌入由各种组织组成的网络以实现自身的生存与发展。一般认为,社会学是最早关注网络问题的学科,网络概念的起源发自社会学视角对网络的认识。由此,社会网络的研究视角和理论观点被引入企业网络领域,已发展为企业组织网络理论的一个重要构成。

对社会网络的研究是西方社会学的一个重要分支,主要从社会学的视角来研究社会经济行为和过程。英国人类学家 Radcliffe Brown(1940)在其论著中首次使用"Social Network"(社会网络)这一概念。此后,经过多年的研究发展,以及通过借鉴和结合其他学科的理论,社会网络理论已被广泛应用于诸多学科领域,进而构建出较为丰富和完善的理论架构体系,主要有"弱联结优势"(the Strength of Weak Tie)假设、社会资本(Social Capital)理论、结构洞(Structure Hole)理论等。

(1)"弱联结优势"假设。

Granovetter(1973)在其论著中首次提出联结强度概念,他将行动者间(人际间或社会实体间)的联系分为强联结和弱联结两类,通过行动者之间的交互频率、情感投入程度、亲密程度和互惠性服务等四个方面来界定联结强度。强联结说明行动者之间联系频繁、情感密切、信任程度深和互惠交换程度深,反之则是弱联结。Granovetter 认为,强联结和弱联结在组织中分别发挥着维系和建立纽带的作用,但相比强联结,弱联结对于信息的传递与获取起着更为重要的"信息桥梁"作用。这一结论可根据海德(1958)的认知平衡论传递性原理做出推导与分析:如果三个行动者中的一方与另外两方均具有强联结关系(如长期友谊),那么其就有将另外两方联结在一起的压力;同样地,另外两方之间也有建立联结的压力,这样就使得另外两方之间实现联结的可能性很大(甚至必然)。反之,若一方与另外两方均具有弱联结关系(如仅是相识),则很大程度上一方就不会产生促使另外两方之间实现联结的压力,这就使得行动者中另外两方之间的信息交流需要通过与其均建立联结的那一方来实现。由此可见,越没有趋向平衡的压力,则联系结构中的弱联结就越有可能起到充当"信息桥梁"角色的作用。

同时,Granovetter 对人们如何通过个人网络关系获得工作进行调查研究,论证了"弱联结优势"在美国劳动力市场中的有效作用。他的研究表明,强联结的主体之间通常具有相似的社会经济特征。一般来讲,他们所掌握的信息和知识的同质性较强、重复冗余度较高,故强联结难以发挥信息传递的桥接作用。而弱联结的主体分布范围较广、主体间的特征差异较大,能够跨越社会界限获取和共享异质性信息、知识等资源。Granovetter提出的"弱联结优势"假设对社会网络理论的发展具有较大影响,后来的学者们也对其进行了研究。有研究得出了与之相悖的观点,由此提出了"强联结优势"的假设,如边燕杰和张文宏(2001)指出,中国人更经常地通过人情网下的强关系获得工作分配和关键环节照顾。Hansen(1999)指出,弱联结或许只对简单信息进行传递,而对缄默性知识的传递则需要强联结关系。事实上,研究者们基于跨文化和制度环境的差异性,以及在不同情境下对具体研究对象得出不一致的研究结论,导致了所谓的"关系悖论",而对这一研究悖论的争论也促使了社会网络理论中权变理论的发展(Gilsing & Nooteboom,2005)。

此外,Granovetter在提出"弱联结优势"假说后,又对经济史学家波兰尼在1944年最早提出的"嵌入"的概念进行了深入分析。对网络嵌入的研究是社会网络理论中极为重要的一个研究方向,对此本书后文有专门回顾。

(2)社会资本理论。

社会资本是社会网络研究中的一个典型概念。Bourdieu于1986年正式针对社会资本概念进行系统阐释,同时将社会资本界定为"持续存在于制度化的关系网络中的实际或潜在资源的总和"。从定义来看,可将社会资本分为两部分:一是社会关系本身能使个人摄取群体拥有的资源;二是拥有资源的数量和质量决定了社会资本的高低。Bourdieu还把资本划分成经济、社会、文化等三种资本,他侧重分析经济、社会和文化等不同形式资本间的相互转化。他认为,通过社会资本,行为主体能获得社会网络中他人拥有的诸如补助性贷款、保护性市场和投资诀窍等经济资源,也能通过主体间互动提升自身的知识水平和提高文化资本,还能与制度化的机构建立紧密联系,等等。Bourdieu还指出,能被行动主体有效利用的关系网络规模,以及个体所拥有的文化、经济等资本的质量和数量,决定了社会资本的投资积累程度。于是,社会资本应该是以社会网络为载体的,它是网络化的资本,反映了能为行动主体带来价值创造的社会关系。因而,对社会资本的研究可以说是建立在社会网络研究的基础上,其与"弱联结优势"假设和嵌入概念就理论渊源来说紧密相连。

Coleman(1988)进一步拓展了社会资本的概念,提出社会资本是一种社会结构性资源,能够成为个人的一种资本资产,它不是孤立存在的,而是存在于不同个体间形成的社会网络之中,需要通过建立联系成为网络成员才能获取效用。Coleman还指出,社会资本能对人们的行为施加约束或鼓励。社会资本具有生产性,有利于社会组织内行动者实现某种特定目标。Coleman从功能的角度对社会组织的某些特征进行了解释,他还指出了五种社会资本形态,即信息网络、责任与期望、规则与有效惩罚、多功能社会组织及权威关系等。Lin(1990)进一步对社会资本和社会资源进行了区分,从而提出社会资源理论,指出那些嵌入于社会网络之中的诸如财富、权力和声望等社会资源不被个体直接占有,可通过个体间构建的社会关系来摄取,社会网络中被摄取的社会资源就成为社会资本。他认为,个体拥有社会资源的质量和数量取决于个体社会网络的异质性、与网络成员的关系强度和网络成员的社会地位等因素。他就此提出社会资源、社会地位和关系强度之间的影响关系,分别是社会资源程度正向影响社会地位(资源效应假设)、社会地位强度正向影响社会资源获取(地位强度假设),以及异质性网络中的弱关系正向影响社会资源获取(关系强度假设)。

Putnam(1993)将社会资本看作社会组织具有的特征,诸如网络、规则和信任等,认为社会资本具有物质、人力等资本的功能,其能促进社会协调及提高行动效率,并能提高物质、人力等资本的投资收益,因而社会资本正逐渐成为影响经济发展的关键因素。Portes(1998)对社会资本的概念给出了更为全面的界定,将社会资本视为网络成员个体从网络或所处社会结构中摄取稀缺资源的能力,这种能力是嵌入于个人与他人关系中的一种资产。此外,社会资本理论成为社会网络理论的构成分支,也逐步被广泛应用于企业领域的相关研究中,学术界对企业社会资本也展开了深入分析。Nahapiet & Ghoshal(1998)提出,企业社会资本来自企业所占有的关系网络,是通过关系网络所获得的嵌入于网络中的实际或潜在资源的总和。他们针对社会资本提出了结构、关系、认知三维框架，因其对社会资本作用的概括更为全面而得到学术界的普遍认可和接受。边燕杰和丘海雄（2000）也提出，经济领域中的企业不是单独的行动个体，而是与外界各方构建联系（如纵向联系、横向联系、社会联系）的网络上的节点，企业借由这些联系摄取稀缺资源，这就是企业的社会资本。

（3）结构洞理论。

基于Granovetter"弱联结优势"的假设逻辑及借鉴社会资本的概念，Burt（1992）提出的结构洞理论在学术界具有一定影响力。所谓结构洞，是指社会网络中某行动者和其他部分行动者建立了直接关系，而与其他另一部分行动者未建立直接关系，从整体网络看，这种无直接关系（关系间断）就好像网络结构中的空洞现象。Burt还指出，虽然结构洞周围的行动者间未建立直接联系，但某些行动者能够越过结构洞，通过其来桥接结构洞两侧的行动者。那些越过结构洞的行动者能从异质的群体中获得更多的多样化信息和知识，进而也获得了对跨越该结构洞的信息流的控制。因而，网络中的行动者可以试图通过充当联络者或桥接者的角色，来提高自身的社会资本和竞争优势。

Burt的结构洞理论强调了网络结构及网络位置对行动主体的影响，从社会学角度分析和解释了市场经济中的竞争行为。结构洞会带来网络位置利益，当另外两个没有建立直接联系的行动者与某一行动者建立直接联系时，该行动者就会处于网络中结构洞的位置。由于紧密联系的行动者往往带来冗余信息，处于结构洞上的行动者将有获取两种不同信息流的机会，并可利用自身拥有的特殊能力获取和控制信息，因而处在结构洞的企业相对于其他企业具有竞争优势。在渊源上看，"弱联结优势"假设和结构洞观点密切相关，结构洞与弱联结有着相似的作用。

综上，学术界对企业社会网络理论的研究历经"弱联结优势"假设、社会资本理论和结构洞理论等主要发展阶段。这些理论发展脉络之间有着基础渊源和密切联系，都指出社会网络能为企业提供和获取各种利益，这也为理解网络嵌入及其为企业带来的利益提供了深刻的理论基础。因此，本书将基于嵌入理论研究视角，将对社会资本、结构洞等理论的相关分析整合到嵌入理论中，探究企业网络对企业突破性创新的作用机制，为分析企业网络嵌入对突破性创新的影响提供理论基础。另外，在企业网络的研究中，通常用"网络组织""战略网络""知识网络""创新网络"等指代企业网络，此类概念间彼此交融，概念本质并无多大区别（许冠南，2008），因此本书也不做进一步区分。从分析视角来看，对企业网络的研究类型主要有两类：一类是基于网络整体视角，侧重于考察整体网络互动和运行状况；另一类是基于网络中个体视角，关注单个企业的网络特征对其影响和意义。目前，学术界的研究重点倾向于后一类型，本书也将基于企业自我中心网络的角度，以单个企业为焦点对象展开研究。

二、网络嵌入概念的起源与发展

在组织网络化范式下，学者们日趋关注经济行为与社会结构之间的关系，网络嵌入已成为经济社会学研究的一个重要概念。一般认为，"嵌入"这一术语最早在Polanyi（1944）所著《大变革》一书中出现，Polanyi提出嵌入的概念并将之用于经济理论分析，由此成为嵌入概念的创始者（Granovetter，1985；Zukin ＆ Dimaggio，1990；Portes ＆ Sensenbrenner，1993；Uzzi，1997；Dacin，Ventresca ＆ Beal，1999）。Polanyi认为，将诸如政治、文化和习俗等非经济的制度引入经济研究中具有重要意义；他把经济置于制度框架下，基于经济作为一个制度过程，提出社会体系与经济体系存在嵌入性关系，认为经济活动总是嵌入于经济与非经济制度之中，并将经济活动分为交换、互惠和再分配等模式，并区分了不同制度环境下的嵌入形态。他还发现，嵌入性会随着社会发展的进程而变化，工业革命前后两种嵌入表现出明显的差异性。在前工业革命的非市场经济中，市场交换机制所发挥的作用有限，互惠和再分配模式成为经济活动的主要模式，经济行为主要嵌入于当时的社会和文化结构之中；而在市场交换机制占据统治地位的后工业革命的市场经济中，经济活动往往在遵循利益最大化的原则下仅由市场价格来决定，因而经济行为不再嵌入社会结构与文化结构中。

Polanyi提出的"嵌入"概念并未得到当时社会学研究领域的足够重视，其市场经济的去嵌入性观点也具有很大局限性，但是它使人们开始意识到社会结构对经济生活的影响。例如，有学者认为，有一个不断发展的社会结构存在于组织内部交易中，它既能对个体行动者的行为进行约束，还能使其在选择行为方式方面发生改变(Marsden，1981)。若要找出市场问题的关键因素，就必须深入研究人和组织所处的社会关系(White，1981)。而真正将网络嵌入理论推向新的发展阶段的是美国著名经济社会学家 Granoveter。在1985年的《经济行动和社会结构：嵌入性问题》这一重要论文中，Granoveter提出嵌入性是指经济活动融合于不断发展的社会关系模式中。他认为，在分析经济行为时，新古典经济学存在"社会化不足"的倾向；而古典社会学理论(尤其是 Parsons 等人的结构功能学说)中则存在"过度社会化"的倾向。这两种分析倾向都忽视了经济活动中个体所嵌入的社会关系网，嵌入理论就是对古典社会学"过度社会化"和新古典经济学"社会化不足"两种观点的平衡折中。Granovetter 继承和进一步发展了 Polanyi 提出的嵌入性观点。他认为，无论是工业革命之前还是之后的社会中，大多数经济行为都镶嵌于社会网络中，差异仅在于镶嵌的方式或程度不同。他进一步指出，信任是嵌入的网络机制，其来源于和镶嵌于社会网络，由此可知，个体的经济行为也镶嵌于社会网络的信任建构中。可见，Granovetter 重新解释和拓展了源自 Polanyi 的嵌入概念，对于经济社会学研究方面，其确立了"嵌入"这一核心观点的理论基础；建立了"处于社会网络之中的自利行动者"这一分析的基本假设；提出了社会网络分析这一主要研究方法。

自 Granovetter 之后，网络嵌入理论日益受到学术界重视，且被不断应用于经济学、社会学和管理学等诸多领域，嵌入概念的内涵也得到不断拓展。基于 Granovetter 对于嵌入的观点，Zukin & DiMaggio(1990)对嵌入的定义进行拓宽，指出嵌入是指在社会结构、文化、认知和政治制度的影响下对经济活动可能造成的现象或状态。Barber(1995)对嵌入的概念及发展意义进行了深入的分析，提出嵌入这一概念对经济学和社会学的研究将有重要推动作用，特别是纠正了新古典经济学的不足，即市场交易机制是理性的、独立的和非人格化的这种假设绝对化倾向。实际上，客观世界中经济活动并不是按照既定的假设运行，社会结构关系会对经济行为产生一定影响，所以嵌入的理论的突破在于对经济学和社会学传统观点的修正。Uzzi(1996)则明确将嵌入定义为社会关系影响经济行为的过程,之后又进一步对嵌入的概念进行了发展,认为现实中的组织嵌入关系不仅仅是组织间对价格、数量等信息的交换关系,还将更多的社会因素包含其中,这种嵌入关系可通过信息共享、信任和共同解决问题三个方面来考量。Dacin,Ventresca & Beal(1999)也指出嵌入这一概念的形成旨在补充修正新古典经济学中以高度理性、独立和原子式的个体交易为特征的程序化的市场概念。丘海雄和于永慧(2007)在总结和借鉴国外相关研究的基础上,认为嵌入是用来分析经济行为如何受历史、文化、制度、关系及社会结构等因素影响的一个工具。从嵌入概念的发展来看,学者们所提出的嵌入观点的概念核心始终保持相对稳定,只是在表达和定义方式方面发生了一些演化,本书后续内容将介绍嵌入理论中较为常见的分析框架及嵌入对企业的影响。

三、网络嵌入理论

随着网络嵌入理论研究的逐步深入,学者们从不同角度对嵌入进行了分类,形成了以下几种应用较多的典型分析框架:Granovetter(1985)的结构嵌入和关系嵌入分析框架;Zukin & DiMaggio(1990)的结构嵌入、认知嵌入、文化嵌入和政治嵌入分析框架;Nahapiet & Ghoshal(1998)的关系嵌入、结构嵌入和认知嵌入分析框架;Andersson,Forsgren & Holm(2002)的业务嵌入与技术嵌入分析框架;Hagedoorn(2006)的环境嵌入、组织间嵌入与双边嵌入分析框架等。

(1)结构嵌入和关系嵌入分析框架。

Granovetter(1985)最早对嵌入进行结构型和关系型的两类划分。结构嵌入描述的是网络行动者间联系互动的网络总体结构,它不仅重视网络整体结构和功能,而且强调网络行动者在网络结构中的位置,其研究侧重于网络规模、密度和中心性等特征对网络行动者的影响(Granovetter,1985;Uzzi,1996;Gulati,1998;Nahapiet & Ghoshal,1998;Rowley,Behrens & Krackhardt,2000)。结构嵌入观点有两个代表性流派,其中一个是Burt(1992)提出的"结构洞"观点,认为行动者若拥有更多结构洞,则在信息传递中便能处于更加有利的网络位置;另一个是Coleman(1988)所提的网络密度观点,认为较高的网络密度昭示着网络中将拥有较大社会资本存量,有利于推动网络行动者之间维持协作和构建信任。

关系嵌入主要用于分析网络行动者基于互惠意愿而建立的关系,如信任、合作、关系紧密程度等,可通过关系强度、方向、内容和质量等指标进行衡量(Granovetter, 1985; Uzzi, 1997; Gulati, 1998; Gulati & Gargiulo, 1999; Rowley, Behrens & Krackhardt, 2000)。关系嵌入在一定程度上会对网络主体之间的信息交换与获取、知识共享及获取、合作开发等产生重要影响,其中网络间关系强度、关系稳定性和信任合作程度等会对焦点企业绩效产生直接的影响。总之,Granovetter的结构嵌入和关系嵌入分析框架是嵌入理论的经典分析框架,后续的大多研究都对其进行了继承发展和广泛应用(兰建平,苗文斌,2009)。

(2)结构嵌入、认知嵌入、文化嵌入和政治嵌入分析框架。

Zukin & DiMaggio(1990)继承发展了Granovetter提出的嵌入概念,将嵌入分为结构嵌入、文化嵌入、认知嵌入与政治嵌入等四种类型,并剖析了它们对网络主体行为与绩效的影响。结构嵌入是指社会联系和网络结构对经济交换的影响和制约,其概念内涵与Granovetter所提相似,综合了Granovetter关于结构和关系嵌入的两个方面。认知嵌入是指精神过程的结构性规律(如固有思维意识或周围环境)限制经济理性的方式(Zukin & Dimaggio, 1990),认知嵌入对行为主体的认知来源和结果等做出了解释,也着重提出群体思维、群体认知和社会认知对组织行为的影响(Dacin, Ventresca & Beal, 1999)。文化嵌入是指外部共享的信念、组织价值观和传统惯例等社会文化因素会制约理性的经济行动,由此组织结构、行为及管理过程等也会受到这些文化因素的很大影响(Zukin & DiMaggio, 1990; Dacin, Ventresca & Beal, 1999)。这也说明组织所处的社会文化环境不同,在进行业务合作时的选择倾向也会有明显差异(Hagedoorn, 2006)。政治嵌入则强调法律税收系统、政治体制和权力机构等政治因素对经济行为的制约影响,这就使得企业将会基于所处的政治环境来约束自身的经济行为,从而对企业行为和绩效产生影响(Zukin, 1990; Dacin, Ventresca & Beal, 1999; 兰建平,苗文斌,2009)。

(3)关系嵌入、结构嵌入和认知嵌入分析框架。

如前所述,社会资本是社会网络中的一个重要概念,企业网络是社会资本的载体,而企业社会资本是企业网络的价值体现形式,因此可将企业社会资本理论整合到企业网络理论研究中。一些学者对企业网络嵌入进行研究时采用了关系嵌入、结构嵌入和认知嵌入分析框架,而这一分析框架可追溯于 Nahapiet & Ghoshal(1998)关于社会资本维度划分的思想。在 Nahapiet & Ghoshal 提出的结构嵌入、关系嵌入和认知嵌入中,结构嵌入和关系嵌入继承了 Granovetter 的结构嵌入和关系嵌入的内容。Nahapiet & Choshal 和 Tsai & Choshal(1998)通过研究指出,认知嵌入对组织智力资本的产生与积累具有重要的影响。他们认为,社会资本还应该包括集体所共享的认知资源,并将其定义为社会系统中那些能促进各成员对集体目标和行事方式达成共识的意义系统(如成员间共享的编码与语言、共享的叙事及共同愿景等)。Inkpen & Tsang(2005)认为,认知社会资本可概括为共享目标和共享文化两个方面。共享目标指的是各个成员对网络任务及如何实现这一任务理解的普遍程度。共享文化反映了组织在多大程度上能以特定规范来治理成员关系及行为,表明了网络成员在价值观、态度和信仰上持有相似或一致看法。

(4)业务嵌入与技术嵌入分析框架。

Andersson,Forsgren & Holm(2002)考虑到企业从外部环境中获取资源的能力对其绩效的影响,从企业内部运营和价值链的研究视角出发,提出嵌入的业务与技术两类划分,并实证分析了企业的这两类嵌入与企业绩效的关系。他们认为,业务嵌入是企业感知并适应外部环境变化及对信息调动传递的业务能力,反映了企业改变自身业务行为以适应外部利益相关者的程度。技术嵌入是指企业间产品及产品开发过程中的相互依赖程度,反映了企业通过外部联结从网络中获取利用技术的能力。

(5)环境嵌入、组织间嵌入与双边嵌入分析框架。

Hagedoorn(2006)整合前人相关研究,基于不同层面情景分析企业间合作关系,将嵌入分为环境嵌入、组织间嵌入、双边嵌入三个层次,认为企业间合作关系的构建会受到嵌入特征的直接影响,而环境、组织和双边关系会影响企业的嵌入特征。环境嵌入可分为宏观与中观两个层面。宏观嵌入是指在国际环境中企业间合作关系的形成及发展,受到各国经济、文化和意识形态等差异的影响(Park & Ungson,1997;Hagedoorn,2006)。中观嵌入则强调企业间的合作倾向会受到不同产业间差异的影响(Rowley,Behrens & Krackhardt,2000;Hagedoon,2006)。组织间嵌入反映企业的行为和能力受到从网络中所获经验及合作关系的影响(Park & Ungson,1997;Hagedoorn,2006),其与Granovetter所提出的结构嵌入内涵相似。双边嵌入则反映企业之间稳定持续的合作关系会受到彼此间熟悉与信任程度的影响(Hagedoorn,2006),其类似于Granovetter提出的关系嵌入。

四、网络嵌入对企业的影响

对嵌入概念及其理论的分析对经济社会学的研究具有重要影响意义,嵌入性已成为网络研究的一个重要工具。近些年来,在创业企业、竞争战略及企业创新等研究领域,越来越多的学者从不同切入点入手研究了网络嵌入对企业行为和绩效的影响。研究普遍认为,外部网络嵌入可使企业摄取所需的各种资源及能力,会对企业产生积极影响(Uzzi,1997;Gulati,1999;Ahuja,2000;Rowley,Behrens & Krackhardt,2000;许冠南,2008;刘雪锋,2009;任胜钢,胡春燕,王龙伟,2011;易朝辉,2012;冯军政,刘洋,金露,2015)。

企业所嵌入的外部网络是影响企业行动与绩效的重要因素。Gulati(1998)指出,企业通过网络联结关系和网络结构位置能够获取信息收益。在结构嵌入视角的研究中,不同学者从不同角度给出了不同的研究结论。Coleman(1998)提出,结构紧密性网络中的社会资本存量大,有利于网络成员之间构建信任和合作,从而能促进企业绩效的提升。Burt(1992)强调在网络中企业若拥有资源流经的结构洞,便能通过非冗余信息交换而得到效率与中介优势。McEvily & Zaheer(1999)指出,那些遍及范围广、冗余性低的联结嵌入有助于企业获得异质性信息优势,从而提升竞争能力。另外,网络中心性也是结构嵌入研究中讨论的概念之一,若企业占据网络中心位置,则便于摄取更多网络中的资源,将对绩效有促进作用(Powell,1998)。同样地,那些最具创新能力、效益最好的业务单元总是处在网络的中心位置(Tsai, 2001)。

在关系嵌入视角的研究中,学者们主要探讨嵌入联系的强弱对企业绩效的意义。Granovetter(1973,1985)强调了弱联结的重要性,他认为弱联结能为行动者带来更多异于自身知识背景的网络节点,从而获取多样化的高异质性信息和知识,进而有助于提升绩效。而有些学者则对"弱联结优势"假设持反对意见,他们认为强联结比弱联结作用更大,强联结更能促进交流和合作,有利于共享和转移更多黏滞性知识,并使对手不易模仿(Dyer & Singh, 1998; Dyer & Nobeoka, 2015),也更容易影响及更便于帮助联系伙伴(Krackhardt, 1992),促使更多的知识转移(Levin & Cross, 2004;吴晓波,韦影, 2005),因而更能促进绩效的提高。此外,Uzzi(1997)提出了关系嵌入与企业绩效的倒"U"形影响模型,认为适度的强联结关系有助于提升企业绩效,若关系嵌入过度则可能导致企业绩效的降低。Rowley, Behrens & Krackhardt(2000)引入环境不确定性这一情景因素来考察关系嵌入对企业绩效的影响,指出在环境不确定下企业更注重探索新机会和新资源,此时弱联结与松散的网络关系有利于提高企业绩效;而在环境相对稳定的情况下,企业倾向于对现有资源进行利用,强联结与紧密的网络关系则有助于企业绩效的提升。类似地,基于知识属性因素,有学者指出弱联结适于传递简单知识或显性知识,而强联结则更适于传递复杂知识或隐性知识(Van & Elfring, 2002; Gilsing & Nooteboom, 2005)。因而,对网络中企业而言,弱联结关系与强联结关系同等重要,只是两者在不同情境下所发挥的效应不同,能帮助企业摄取不同类型资源,从不同方面提升企业绩效。

此外,相关学者对有关认知嵌入进行研究后认为,社会认知对组织行为和管理行为会产生重要影响,他们不仅关注企业管理受制于认知所带来的影响,还强调组织认同的来源和结果(Perteraf & Shanley, 1997)。认知嵌入对组织智力资本的产生与积累有着重要的影响,因而成为构筑企业竞争优势的源泉(Tsai & Choshal 1998)。与此同时,基于制度嵌入或政治视角的研究指出,网络中的政治联系、规则框架和相似的制度模式等会对组织机会和绩效产生影响(Baum & Oliver, 1991)。政治嵌入既能对经济行为进行限制,也能对不同行动形式和模式加以促进(Dacin,Ventresca & Beal,1999)。

综上所述,网络嵌入对企业竞争优势获取和绩效提升有重要影响。当前此类研究大都关注网络嵌入与绩效的相关性,较着重于两者间的直接关系,而网络嵌入影响企业绩效机制的黑箱仍有待进一步打开。

第三节 资源观理论

资源观(Resource-Based View,RBV)是近年来战略管理领域最具影响力的分析框架之一。早期的传统资源观从企业内部静态视角入手,着重研究企业内部的资产、技术和知识等独特性资源,认为企业依附这些有价值的资源可以获得竞争优势(Wernerfelt,1984;Rumelt,1984;Conner,1991;Abuja & Katila,2004)。随着资源观运用于对企业竞争优势分析的深入,学者们从不同研究视角做了进一步的深化。概括而论,已形成了三个重要的资源观理论流派:第一派是静态视角下的传统资源观理论,构建了具体的基于资源观的理论分析框架,解析了能为企业带来竞争优势的组织内部资源特性,提出了基于获取资源与保持竞争优势的分析方法(Barney,1991;Peteraf,1993);第二派是动态视角下基于能力和过程的资源观理论,其分析了利用资源来创造价值的能力和过程(Teeee et al.,1997;Sirmon,Hitt & Ireland,2007);第三个流派是网络资源观理论,将传统资源观的分析边界从企业内部拓展到企业间,强调企业竞争优势也可来源于能获取和利用的关系网络资源,这种资源也难于被对手所模仿,可为企业带来关系租金(Dyer & Singh,1998)。下文将详细阐述三个理论流派的相关研究。

一、静态视角下的传统资源观

传统资源观将企业视为一组异质资源的集合体,认为不同企业的资源禀赋也不同,企业所拥有或控制的战略性资源能为其带来持续竞争优势,这些资源是具有价值性、稀缺性、难以模仿性和不易替代性的(Rumelt,1984;Wemerfelt,1984;Barney,1991;Peteraf,1993)。

　　企业资源对企业获取竞争优势有重要作用。Penrose(1959)最早提出了基于资源的观点,在其论著中阐释了企业成长与企业资源的关系。她认为,不管企业是以内部发展还是以外部并购或多元化方式成长,都是通过利用资源来实现的。企业是资源的集成,使企业获得竞争优势的独特产品可归因于企业独特的资源或能力。Lippman & Rumelt(1982)指出,企业间绩效差异持续存在的原因是:优势企业产生特殊能力的源泉(独特资源)是一般企业难以复制或模仿的,因而这些独特资源能为企业带来持续的经济租金和竞争优势。Wemerfelt(1984)在 Penrose 研究的基础上,明确提出了资源观这一术语。他认为,产品与企业资源如同硬币的两面:一方面产品会直接影响企业资源,另一方面通过产品获得的企业绩效也会受企业资源的间接影响。企业资源可被视为半永久性隶属于企业的资产(有形和无形)。他还指出,资源位势壁垒中先动优势这一资源可以在其所主导的市场中产生高额回报,因而认为企业可以通过摄取新产品开发所需的关键资源赢得超额收益。另外,Rumelt(1984)还针对异质性资源的来源做了解释,他认为设立之初的企业或许类似,但受到隔离作用的影响后,企业间将变得有些差异,使得其资源不能完全被模仿。

　　一般认为,传统资源观以 Barney 与 Peteraf 等人的研究成果为代表,他们较为系统全面地对已有的不同观点进行整合,形成了学术界普遍认可的资源观分析框架,并为后续资源观研究奠定了坚实的基础。Barney 承继前人的相关研究认为,不同的资源要素表现出不同的交易能力,一个能被识别的可交易要素,可由战略要素市场确定其货币价值。由于企业所获信息的不对称性及战略要素市场的不完全性,不同企业评估战略资源价值时会得出不同结果,而能够获得竞争优势的企业则是那些在评估方面做得更好的企业。Barney(1991)把资源观发展成为完整理论。他基于两个基本假设阐释资源观,即企业间资源分布差异性和资源不完全流动性,这也说明了企业资源禀赋的差异性,这种客观且持续存在的差异能使企业获得基于资源的竞争优势。此外,企业的有形与无形资源可视为其竞争优势的源泉,当企业的资源同时具备有价值、稀缺、难以替代和难以模仿等四方面特征时,此类资源就能为企业带来持续的竞争优势。其中,有价值的稀缺性资源能为企业实施独具一格的战略提供基础保障,促使企业在短期内获得竞争优势和提升绩效,而企业资源的难以替代性和难以模仿性则对竞争者构成了一定程度的进入壁垒,从而使企业的竞争优势得以保持。之后,Barney在后续研究中完善了资源观理论,提出企业不仅要对那些有价值、稀缺、难以替代和难以模仿的资源进行占有控制,还需要对这些资源所有的潜在价值进行充分利用,从而获取竞争优势(Barney,1997;Barney & Wright,1998)。

与Barney从企业资源角度对竞争优势所做的分析不同,Peteraf(1993)以个体企业资源为基本分析对象,对资源如何使企业具有竞争优势进行分析,着重对资源与经济租金的关系做了详细阐述。他认为,企业所控制的资源要成为企业竞争优势的来源,需同时满足的条件是:资源异质性、资源不完全流动性和对竞争的事前及事后限制。其中,资源异质性意味着在相同条件下资源产生的效果会存在差异,这种差异往往体现为租金获取方面的差异。资源不完全流动性是指资源具有企业特殊性,其不能够被交易,或者由于资源的转移成本高、企业自身的价值性和有用性等因素会阻碍其交易,这种不完全流动性可使经济租金被保留于企业内。另外,企业需要通过对竞争进行事前限制,使得获取资源的价格低于租金成本,还需要通过对竞争进行事后限制,使得租金得以长期保持,由此企业才能获得持续竞争优势。

综上所述,传统资源观强调,企业的竞争优势来自企业对其异质性资源的拥有和利用,其理论概念是基于市场均衡状态下得出的,因而本质上是相对静态的(Priem & Butler,2001);并且把异质性资源创造竞争优势的过程当作一个黑箱,借用经济学租金的概念阐释竞争优势的形成机理,忽视了在动态化、过程化下对企业如何获取竞争优势展开研究(许冠南,2008)。于是,学者们继续对资源观进行了拓展,开始更多关注利用资源的能力与过程。

二、动态视角下基于能力与过程的资源观

企业所处环境通常是动态变化的,这就需要从动态分析视角进一步拓展并深化资源观理论。随着研究的深入,第二学派的主要观点包括核心能力观、动态能力观、知识观和管理过程观等。

传统的资源观理论中,未明确将企业所特有的资源与能力区分开来,而是将它们共同看作竞争优势的源泉。与传统的资源观一脉相承的能力观则在资源观的理论架构下,强调企业能力对竞争优势获取的重要性(Prahalad & Hamel,1990;Hamel & Prahalad,1994),认为企业要想获取租金,需要拥有更好的资源,并具有对其能更好加以利用的能力(Mahoney & Pandian,1992)。这种基于能力观点的最初代表是 Prahalad & Hamel(1990)所提的企业核心能力理论。他们通过对 NEC 和 GTE 两家企业长期的追踪观察和研究,指出 NEC 公司的成功是因为其专注于培养自身核心能力,不断研发核心产品。而 GTE 的失败在于忽视对自身核心能力的培育而使得公司业绩难以好转。由此他们强调,企业研发新产品是尤为关键的管理任务,而对新产品的开发就是其核心能力的体现,并认为企业核心能力反映了企业中的积聚性知识,尤其指那些关于对不同生产技能如何加以协调并有效整合的知识。可以说,对核心能力进行培育及利用是企业保持长期竞争能力的来源,使其以更快的速度、更低的成本开发出让竞争对手难以预料的新产品。他们还提出了基于核心能力的竞争力框架,以一棵大树及其树干、枝杈、树叶、根茎等各个组成部分之间的关系为例,与之对应,形象地阐释了多元化公司、核心产品、事业单元、最终产品和核心能力之间的关系,并指出企业不仅要关注竞争对手的最终产品,更要认清自身真正的力量之所在(即核心能力)。

知识观与企业的核心能力观紧密相连,从知识的角度对资源观理论框架进行了拓展与完善,认为企业是异质性知识的集合体,创造知识、储存知识及应用知识是其竞争优势的源泉(Kogut & Zander,1992;Zander & Kogut,1995;Spender & Grant,1996;Toyama & Konno,2000)。知识被视为企业非常特殊的一类资源,尤其是那些不易流动的隐性知识与技术诀窍是企业长期竞争优势的源泉(Polanyi,1966;Nonaka,1994;Spender,1996)。组织所拥有的知识在很大程度上决定了组织的价值,而这些知识可能储存于组织的规则、规范、程序、最佳实践、管理信息系统及组织文化等中,可见组织能力的形成基础在于知识资产,因而对知识资产的创造、整合、转移及应用是企业运作的要点(Spender,1996;Nonaka,1995;Grant,1996;郑素丽,吴晓波,2011)。

随着时代和技术的快速发展,企业所面临的外部环境变化也愈加急剧且难以预测。虽然企业的核心能力是其获得成功的重要保证,但经过长期发展容易形成"核心刚性",这可能会阻碍企业变革以适应外部变化的进程,从而失去竞争优势(Leonard,1992)。于是,Teece,Pisano & Shuen(1997)吸收创新经济学和演化经济学的相关思想,提出了动态能力观点,认为动态能力是企业构建、整合和重构内外部能力以适应环境动荡的能力,并提出影响动态能力的因素即管理或组织过程、位势和路径。管理或组织过程是指企业行事方式、惯例和实践模式等,其具体可分为整合、学习和重构三种形式。位势是指企业的知识产权、特定技术禀赋、外部协作关系和互补资产等,企业特定资产决定了其位势,这些特定资产包括互补性资产、关系资产、不易流动的知识资产和声誉资产等。路径指企业的战略选择、不确定性收益、路径依赖等。路径依赖是企业发展所具有的特征,即企业当前路径和地位决定着其未来发展。之后Eisenhardt & Martin(2000)提出动态能力的发挥是企业对资源进行使用的过程,即整合、重建、放弃和摄取资源等以适应或创造市场变化的过程。随着市场的出现、变化或消失,企业可通过上述战略和管理或组织过程来重构资源。因此,动态能力观可以被视为对传统资源观的一种延伸,而这种延伸主要源于传统资源观的不足(Teece et al.,1997;Eisenhardt & Martin,2000)。

另外,从占有资源到利用资源进行价值创造这一过程往往被传统资源观视为黑箱,其并未很好地解释资源是如何被利用以创造价值的。鉴于此,Sirmon,Hitt & Ireland(2007)提出资源管理过程模型,指出在从占有资源到创造价值的过程中,主要有三个受制于动态环境的过程因素,即对资源的规划、捆绑和整合等。其中,资源规划旨在为赢得资源而对资源进行获取、积累和剥离等。资源捆绑旨在整合资源以创造独特能力而对资源进行稳定、丰富和引领等。资源整合旨在运用能力来创造价值而对资源进行动员、协调和配置等。通过研究,Sirmon等人认为,企业可以通过其独特的能力与过程,对那些单独而言并没有价值的资源的潜在价值进行开发,使得这些资源具有战略价值。

综上所述,基于能力与过程的资源观理论从动态分析视角入手,从广义的资源中将能力区分出来,尤为强调了能力在资源配置及利用中的能动性。

尽管资源和能力在概念和作用上存有差异,但两者仍然是资源观中不可分割的两个概念,建立在这两个概念上的观点都是资源观有机的组成部分。资源是能力的来源,而能力则是主要的竞争优势的来源(Grant,1991)。然而,传统资源观和基于能力与过程的资源观都聚焦于企业内部,忽视了企业外部资源的重要作用。下一小节将着重分析资源观在企业外部网络研究领域的进展。

三、网络环境下的资源观

20世纪90年代中后期以来,学术界对组织是嵌入于社会网络中的这一观点达成共识,很多学者从战略视角研究网络资源对企业竞争发展的影响(Dyer & Singh,1998;Gulati,1999;Dyer & Nobeoka,2000;Kogut,2000;McEvily & Marcus,2005)。如前所述,传统资源观及基于能力与过程的资源观都认为,企业内部的资源带来了竞争优势,其将资源视为企业所拥有或控制的这一所有权假设,将能为企业带来竞争优势的资源限定于企业的边界内。然而,此后一些学者研究发现,不仅那些存在于企业内部的关键资源能使企业获得竞争优势,企业所嵌外部网络中的关键性资源也能给企业带来竞争优势(Gulati,1999;Dyer & Singh,1998;Dyer & Nobeoka,2000),而这些关键性的网络资源对企业竞争优势及绩效有着重要影响(McEvily & Zaheer,1999;Rowley,Behrens & Krackhardt,2000;刘雪锋,2009)。鉴于此,学者们将资源观的背景拓展到网络环境下,从而提出了关系观、网络资源观及扩展的资源观等理论观点与分析框架。

随着对资源观研究的不断深化,一些学者在对组织间关系的研究中引入资源观,指出组织间关系有助于创建企业竞争优势,促使合作伙伴将彼此异质且具有互补关系的资源进行整合(Shan,Walker & Kogut,1994;Kogut & Zander,1996)。通过实证研究,也证实了基于组织间合作关系的专用性投资对合作绩效的正向影响作用(Dyer,1996)。在已有研究的基础上,Dyer & Singh(1998)基于企业间的关系视角提出了关系观,认为企业间特定的联结关系可视为一种关键资源,它能够越过企业边线,镶嵌于企业间的惯例中。他们还进一步指出四类影响组织间竞争优势的因素,即特定关系性资产、互补资源或能力、知识共享惯例，以及有效的治理，并认为这些因素构成关系租金（Relational Rent）的来源。关系租金就是产生于合作关系中的超额收益，单个企业无法独立创造这种收益，需要有特定合作伙伴的共同的异质贡献才能创造（Dyer & Singh, 1998）。

继关系观之后，Gulati（1999）研究了嵌入在企业联盟网络中的资源是如何促使联盟决策形成的，并首次提出了网络资源这一概念，认为网络资源不同于企业内部资源，它存在于企业间的关系网络之中，是企业稀缺的、非常有价值的信息与知识的来源，成为难以模仿的企业核心能力和企业竞争优势的源泉，这种资源的质量与数量将大大影响企业的战略机会、行为与绩效。Gulati的研究结果表明，通过参与企业间网络，企业可以了解到新的战略联盟机会，而新联盟的形成会受到网络资源的影响。因此，存在于所嵌网络中的关键资源对企业战略行动有重要作用。此后，Gulati, Nohria & Zaheer（2000）从战略视角出发进一步拓展了网络资源的概念，认为战略网络由组织间持久的联结关系（如长期的供应商关系、合资企业、战略联盟等形式）构成，其对网络内企业具有战略意义，能为企业带来信息、技术、市场和资源等，也能带来学习效应、规模经济优势，进而影响着企业的战略行为，促使企业战略目标的实现。从某种意义上讲，战略网络就是一种异质性的不易模仿的资源，也是企业汲取异质性资源的有效途径。于是，战略网络及通过其汲取的资源成为企业竞争优势的来源。

为了对网络情境下的资源做出更有力的解释，Gulati（1999）将资源观与社会网络分析结合起来，指出网络资源是一种完全区别于商业资源和技术资源的社会资源。此外，为了对网络资源与企业竞争优势的关系进行深入研究，他将网络资源划分为网络结构资源、关系联结资源、网络成员资源和联盟管理能力资源等四种类型。其中，网络结构是指那些独特的、可以提供竞争优势潜力的嵌入在网络内的全部关系结构模式；网络成员是网络的基本组成要素（如供应商、客户、同行、政府机构、银行、高校、科研机构及其他等），成员资格包括各成员的身份、状态、资源及其他特性，由于不存在具有资源、知识和社会关系等方面都完全相同的企业，网络成员总是异质的，这些异质性网络伙伴有可能为企业带来有价值的关键性资源，从而会影响企业的行为和绩效;关系联结是指网络成员间形成的联结关系(如双边或多边、强或弱、互利合作或机会主义),这些关系会影响到企业的行为和绩效;联盟管理能力是指企业对网络联盟关系进行有效管理的能力,较强的联盟管理能力有助于促进网络联盟成员间的合作,防止机会主义行为及获取网络租金(联盟收益)。

Gulati 的网络资源观中的社会网络分析更多关注网络的结构和特征,而忽略了不同企业资源的异质性,也未对网络的经济租金做进一步的剖析和阐释。针对这一问题,Lavie(2006,2007)则进一步完善和扩展了网络资源观,区分了共享性资源与非共享性资源,识别出不同类型的经济租金,深入地揭示了关联企业的租金产生机制。他认为,网络资源是焦点企业通过联结关系可以使用的由合作伙伴所拥有的资产。也就是说,对嵌入在企业联盟网络中的焦点企业而言,网络资源是企业的外部性资源,这些资源并非焦点企业所拥有或控制,而是由网络成员所提供,但其是可以共享和利用的资源。Lavie 还提出了网络中焦点企业的四类经济租金,即占有的关系租金、内部租金、外向溢出租金和内向溢出租金。其中,关系租金来自网络间共享的资源;内部租金来自企业自身拥有的资源;外向溢出租金指合作伙伴利用焦点企业的资源而获取的租金;内向溢出租金来源于对合作伙伴资源的利用。通过上述的分析表明,网络中焦点企业的竞争优势既由自身资源禀赋所决定,同时也受到合作伙伴资源禀赋的影响。由此可见,网络资源能够给处于网络中的焦点企业提供来自网络特有的经济租金,因而是经济租金(反映竞争优势)的一个重要来源。

第四节　合法性理论

一、组织社会学视角的新制度理论

从 20 世纪 70 年代至今,组织分析中的新制度主义(新制度理论)已经发展成为组织分析中的主流方向之一。新制度主义分析强调制度文化特征对组织的重要作用,它主要从制度规则、共享的社会观念等角度对组织在制度结构及组织表现方面的趋同和符号化现象做出解释(DiMaggio & Powell,1983),关注由社会创造的、以理性形式存在的、组织普遍持有并不断强化的制度化要素所构成的制度环境如何对组织产生影响(Meyer & Rowan,1977;Scott & Meyer,1983;Scott,2001)。

Silverman(1971)最早在组织社会学研究领域引入新制度理论,以此对组织行动理论加以阐释。他对已有的主流组织模型(如权变模型、结构功能模型)进行了批判,认为它们对秩序、稳定和系统维持方面过于专注。他借鉴了 Durkheim,Schutz,Bergen,Luckmann 及 Goffman 的思想,基于现象学的研究角度,对组织被社会形态建构的方式及组织意义系统进行重点研究,指出意义不只体现在个体思维中,还留存于社会制度中这一客观事实。环境不仅可视为一种资源供应站和产出地,还应被定义为各组织成员的意义来源。之后,许多学者开始将组织社会学与新制度理论结合起来进行研究。如Meyer & Rowan(1977)的《制度化组织:作为神话和仪式的正式结构》及Zucker(1977)的《制度化在文化持久性中的作用》两篇文章开创了组织社会学领域中的新制度主义学派。Meyer & Rowan 从宏观视角入手,对组织中的制度现象做出解释,指出制度是文化规则的集成,并着重指出理性化信念的重要性,还指出广泛制度环境中的变迁对组织结构具有重要影响。而Zucker(1991)则对制度的微观基础进行深入分析,强调行为会受到认知信念的锚定,被制度化的社会知识一旦形成,就会作为一种事实而客观存在,并在此基础上会直接散播出去。在组织社会学领域内对组织研究做出重要贡献的学者还有 DiMaggio & Powell(1983)及 Meyer & Scott(1983),他们的相关研究都是从宏观视角展开讨论的。DiMaggio & Powell(1983)对制度趋同和集体理性进行分析研究,探讨了组织领域内组织趋同的强制性、模仿性和规范性三种扩散机制,并指出组织趋同是竞争过程和制度化过程的共同结果,认为强制性趋同来自其他组织和社会文化期待施加于组织的正式和非正式压力;模仿性趋同的压力来自组织应对不确定的一种本能反应;规范性趋同压力则来源于社会规范。Meyer & Scott(1983)认为,制度环境和技术环境共同影响着组织发展。技术环境对有些组织可能更易带来限制,而制度环境可能对有些组织更易形成约束。技术环境是指被组织用来提供市场交换所需服务和产品的任务性、工具性或职务性环境,制度环境是那些以详尽的规则和要求为特征的环境。

基于已有的研究成果,Scott(2001)对相关的概念和论点进行整合,提出了由规制性、规范性和文化认知性三个基础要素构成的制度的分析框架,并指出各要素在服从基础、秩序基础、机制、逻辑、标志和正当性基础等维度方面的差异。规制性基础要素主要是指那些管制性规则(如非正式的风俗及正式的法律法规、政府政策等),规范性基础要素是指具有说明性、评价性和义务性的那些规则(如道德规范和标准程序等),文化认知性基础要素是指对社会事实的共同理解和对社会建构意义的认知(如共同价值观、信仰等)。Scott认为,文化认知性基础要素位于制度的最深层次,是组织社会学研究的新制度主义中最显著的特征。鉴于此,Scott对制度的概念进行了扩展与综合,将制度定义为受规制、规范及认知体系制约的结构和活动,这些结构和活动使社会趋于稳定,使社会行为产生意义。

制度学派认为,组织处于特定环境中,组织的结构和行为都要受到外在制度环境的制约。学者们对于制度环境与组织结构的关系进行了实证研究,Zucker(1983)通过对政府部门结构变革的制度化及其扩散进行研究,认为美国早期采纳公务员制度主要与组织内部需要相关,而后期主要是受到文化认知和规范性的压力。Fligstein(1985)指出,美国大企业早期采取多元组织结构是为了追求与产品相关的策略,晚期则是所处的相似环境导致了企业间相互模仿,形成了组织结构趋同。D'aunno,Sutton & Price(1991)对社区心理健康组织的研究指出,当选用传统疗法和新疗法时,由于处于两种冲突性制度环境中,使得组织结构发生变化。Westphal & Shortell(1997)将制度和网络视角结合起来研究美国医院对全面质量管理实践的采纳情况,发现早期采纳者提高了效率,而较晚采纳者则更多的是因为面临更大压力,而必须采纳这种标准化形式以获得合法性。另外,Oliver(1991)关注制度环境下组织的能动性,提出组织在制度约束下会采用默许、妥协、回避、反抗和操纵等五种策略和相应多种手段,并进一步提出了影响这些策略反应的诸多因素,认为各种策略发生的可能性因影响因素内在程度的变化而不同。

综上可见,许多正式的组织结构的兴起是制度规则的映射,组织遵从合法性机制是适应制度环境的要求。组织面对制度环境的压力,为了从制度环境中获得合法性,常常采用那些被社会广为接受的组织形式与做法。新制度主义学派最为强调的就是合法性机制在组织与环境互动中的重要作用,指出许多组织的行为和制度不仅仅是被效率所驱使,而更重要的是源于组织在赖以为生的、社会构造的规范世界中,谋求合法性的需要。为此,下节将介绍组织制度分析中的合法性逻辑。

二、合法性的概念界定

现有文献对合法性界定得较为宽泛,大部分的定义及相应研究都基于组织理论中两个主要的传统研究视角,即战略视角和制度视角(Johnson,Dowd & Ridgeway,2006)。战略视角将合法性看作组织的关键资源,它能给组织带来良好绩效,并帮助实现组织目标(Ashforth & Gibbs,1990;Pfeffer,1981)。从制度视角入手进行的研究认为,合法性不是拥有或用于交换的商品,它体现了组织同所感应的规则、社会规范和文化信仰等一致性的程度(Scott,2001)。这两个研究视角的区别主要在于:第一,战略视角是站在组织管理者的角度由组织内向外看,而制度视角是站在整个社会的角度从社会向组织内看(Elsbach,1994)。第二,战略视角更加强调合法性的可操作性、目的性和资源特征,认为组织合法化过程往往是一个积极作为的过程。而制度视角则较多关注制度及制度构建的问题,强调合法性的社会理念和文化特征,认为组织合法性的获取往往是一个被动适应过程。随着对合法性研究的深入,近年来的很多研究大都融合了这两种视角(Suchman,1995;Golant & Sillince,2007;Oliver,1991),尤其是Suchman指出关于这两个视角的研究文献往往是相互渗透和难以完全割裂的,即战略视角和制度视角的合法性具有互补性。他认为,制度环境是组织最根本的构成部分,因而在合法性实践中至关重要,组织更应具有能够促进组织合法性的战略实施能力。鉴于此,在梳理已有研究文献时,本书将就有明显视角差异的问题分视角给予说明,未说明的可视为两视角下的共性认识,下面对有关组织合法性的概念做较为系统的回顾。

合法性是制度理论的核心概念,其起源于社会学研究,不仅指合乎法律规范的要求，更有着制度嵌入的深刻含义。Weber(1958)是最早提出组织合法性概念的学者之一。他指出，合法性与社会权威、统治、政治制度等概念密切相关，它是构成组织权力结构(如科层组织)的前提和基础；合法性在社会生活中具有重要地位，可以通过对社会标准和正式法律的遵从而获得。Parsons(1960)对合法性的界定则更为宽泛一些，认为合法性不应只是关注权力系统，还应当强调组织价值观与镶嵌于社会建构中价值观的一致性，合法性反映了组织行动为社会系统中共享的或普遍的价值观所认可的程度。可见，Parsons的合法性概念强调组织目标与社会功能的一致性。Dowling & Pfeifer(1975)强调合法性是基于文化的相似性的一种评估。他们指出，合法性是指与组织活动相关或其所隐含的社会价值是否符合社会系统可接受的行为规范。

在此之后，新制度主义对合法性概念进一步拓展，更加强调社会认知系统的重要意义。作为新制度主义学派的创始人，Meyer & Rowan(1977)首次将文化认知方面的因素纳入了组织合法性研究的范畴，认为组织可通过提出所谓的理性神话而获得合法性，以降低组织受制于外部压力的影响；并指出组织嵌入在特定的制度环境中，通过与制度同构能够成功获取生存合法性与发展资源。Meyer和其同事等人的后续研究更加关注了文化认知因素，强调合法性源于组织和其文化环境之间的一致，认为合法性是指既定的文化含义并对组织存在的意义给予解释(Meyer & Scott, 1983; Scott, 1991)。DiMaggio & Powell(1983)则进一步强化了对合法性机制驱使下制度趋同的强调，认为组织所采用的结构形式是某一特定环境中合法的结构形式，组织必须遵从一般社会价值体系，他们对合法性的理解更侧重于社会规范和权威。Knoke(1985)着眼于合法性认知层面，将合法性描述为社会外界对组织存在的合理性及追求组织目标手段的正当性的普遍认识和可接受性。

综合前人对合法性的概念界定，Suchman(1995)给出了合法性的一个包容性定义，即合法性是指一种普遍感知或者假定，认为一个实体行为在由规范、信仰、价值观和身份系统组成的社会建构中是妥当的、可取的和合适的。Suchman的定义被后来的研究广为采用，他的观点融合了组织合法性研究的制度视角和战略视角。这表明，一方面，组织需要成功满足制度环境的要求,遵从社会系统中的规范、价值观、规则和期望,唯有如此,才能获得组织合法性(Scott, 2003);另一方面,由于制度环境的多样性和组织的能动性,组织不可能也没有必要与所有的制度环境均保持一致,组织有能力通过主动选择可操作的战略塑造合法化以适应和改变环境。

三、合法性的维度划分

关于合法性的具体维度,目前学术界存在不同的划分标准,主要包括二分法、三分法、四分法与五分法等几种。具体而言,关于二分法,Singh, Tucker & House(1986)最早将合法性分为外部合法性和内部合法性。他们对有关社会组织进行调查研究时发现,外部合法性与新组织的存亡之间存在更高的相关性,并由此提出寻找更多外部制度支持有助于新组织获得更久的生存。相似地,赵孟营(2005)也沿用了外部合法性和内部合法性划分,认为外部合法性是指组织外部对组织及其活动的认可与支持,内部合法性则指的是组织内部成员对组织的认可、服从与支持。可见,他的划分与Singh等人的划分较为相似,但在对内部合法性维度的表征上与Singh等人所指的内部组织变革和首席执行官的更替等有些差异。Aldrich & Fiol(1994)将合法性分为社会政治合法性和认知合法性。其中,社会政治合法性指的是社会组织与成员(如政府、相关部门、公众等)对组织及其行为与法律、规则等制度和特定社会规范之间一致性的认可程度。认知合法性是指随着组织相关信息、知识在社会中普及,其存在被认可接受的程度。此外,Ruef & Scott(1998)在部分继承和发展了Parsons(1960)对组织的技术、管理和制度三个层面的划分研究,把合法性分为管理合法性和技术合法性两个方面。管理合法性强调组织机制(如人事管理、财务实践等)的规范性,技术合法性则涉及核心技术方面(如职业资格、工作程序和质量保障机制等)的规范性。

在合法性的三分法方面,Scott(1995)和Suchman(1995)对组织合法性的分类被理论界广泛接受和认可,对后续的理论和实证研究都产生了重要影响。Scott(1995)将合法性分为规制合法性(Regulative Legitimacy)、规范合法性(Normative Legitimacy)和认知合法性(Cognitive Legitimacy)三类。其中,规制合法性强调遵守规则是合法性的基础,其来源于政府机关、监管机构和行业协会等相关部门所制定的法律、规则和标准,若组织行为符合这些强制性的法律、规则和标准,则外部利益相关者就会认为组织具备了规制合法性(Deephouse,1996);规范合法性强调评估合法性的较深层次的道德基础,其源于社会道德规范和价值观,反映了社会公众对组织"做正确的事"的评判,若组织的行为符合特定环境中的社会价值观和道德规范,也就拥有了规范合法性;认知合法性强调通过遵守共同的情景界定、参照框架,或被认可的结构模板或角色模板而获得合法性。

同年,Suchman也提出了实用合法性(Pragmatic Legitimacy)、道德合法性(Moral Legitimacy)和认知合法性(Cognitive Legitimacy)三维度划分。他认为,实用合法性建立在理性评价基础上,来源于组织满足了利益相关者的预期而得到他们的支持。基于不同的评价视角和评价对象,将实用合法性又细分为属性(Dispositional)合法性、影响(Influence)合法性和交换(Exchange)合法性等三个亚形式;道德合法性与组织行为合适性或正确性的评判相关,也可将其细分为结构(Structural)合法性、过程(Procedural)合法性和结果(Consequential)合法性三种亚形式;认知合法性则指组织的那些被认为是理所当然的特性,其又可进一步细分为基于可理解性(Comprehensible)的合法性和基于理所当然性(Taken-for-Grantedness)的合法性。

通过比较可以看出,Suchman(1995)所提的认知合法性和道德合法性分别对应于Scott(1995)的认知合法性和规范合法性,Suchman在具体维度的内涵上和Scott的观点差别并不是很大,只是在第一个维度(即实用合法性与规制合法性)上有一定的差异,Scott的规制合法性主要基于组织的压力来源,而Suchman的实用合法性则更多地基于组织目的。事实上,这两位学者分别所做出的贡献奠定了关于合法性维度研究的基础。

在四分法中,Zimmerman & Zeitz(2002)的研究基于Scott和Suchman两位学者对组织合法性的分类,将产业合法性(Industry Legitimacy)维度补充到上述理论中,提出了合法性维度的四分法。高丙中(2000)结合中国的情境因素,较早且系统地提出了社团合法性的四种类型,即社会合法性、政治合法性、法律合法性和行政合法性。

此外,Dacin,Oliver & Roy(2007)对组织与联盟的关系进行了探讨并提出了五类合法性,包括投资合法性、社会合法性、市场合法性、关系合法性和联盟合法性。

综上可见,在对组织合法性类型的划分上,无论是二分法、三分法,还是四分法、五分法,总体看来都遵循了前文所述的关于合法性研究的战略和制度这两个视角。本书将已有文献对合法性内涵与维度的研究进行了整理归纳,结果如表2-1所示。

表2-1 "合法性"的概念内涵与维度

文献	视角	概念内涵	维度划分
Weber(1958)	制度视角	强调社会标准、正式的法律	传统型权威、法理型权威、魅力型权威
Parsons(1960)	文化—制度视角	强调合乎价值体系中的一致性	制度层次合法性、管理层次合法性、技术层次合法性
Singh(1986)赵孟营(2005)	制度视角	强调社会认知系统要素的重要性	外部合法性、内部合法性
Aldrich & Fiol(1994)	制度视角	强调社会认知系统要素的重要性	社会政治合法性、认知合法性
Scott(1995)	制度视角	遵从规则、社会规范和文化信仰等一致性的程度	规制合法性、规范合法性、认知合法性
Suchman(1995)	制度和战略双重视角	某一社会建构的规范、价值、信仰和定义系统的整合	实用合法性、道德合法性、认知合法性
Ruef & Scott(1998)	战略视角	某一社会建构的规范、价值、信仰和定义系统的整合	管理合法性、技术合法性
高丙中(2000)	制度视角	某一社会建构的规范、价值、信仰和定义系统的整合	社会合法性、法律合法性、政治合法性、行政合法性
Zimmerman & Zeitz(2002)	战略视角	某一社会建构的规范、价值、信仰和定义系统的整合	规制合法性、规范合法性、认知合法性、产业合法性
Dacin,Oliver & Roy(2007)	制度视角	某一社会建构的规范、价值、信仰和定义系统的整合	市场合法性、投资合法性、关系合法性、社会合法性、联盟合法性

资料来源:根据相关文献整理。

四、合法性战略与应用

合法性机制是新制度主义理论最重要的行动逻辑。这表明,组织不只寻求适应所处的技术环境,而且受制于所处的制度环境。合法性机制对组织的作用存在于两个层面,即强意义上的和弱意义上的(周雪光,2003;曹正汉,2005)。强意义是指制度环境具有强大的约束力,使得组织无法对其结构和行为进行自主选择;而弱意义指的是制度环境通过影响激励方式或资源分配方式,进而对组织决策和人的行为施加影响。早期的新制度主义学派主要是在强意义上论述制度环境的重要性,强调宏观制度环境对人们和组织的行为模式的影响作用。后来的新制度主义学派学者大都在弱意义的合法性框架内开展研究。事实上,组织在面对制度环境的压力下,不只是完全被动地遵从约束性要素的要求,往往会主动采取战略性回应。因而,现实社会中的组织在合法性构建方面,既要遵从制度性建构的压力,也应主动发挥策略性回应的能力。

鉴于组织自身特征及其所处制度环境特征不同,以及组织对制度环境的战略主动性影响存在差异,Suchman(1995)提出了遵从型、选择型和操纵型三种形式的组织合法性战略。遵从型战略就是组织要努力遵守现有环境中既有的文化秩序和制度规则,从而看上去更加符合社会规范和受众的期望;选择型战略指的是组织在多重环境中选择更易被接受或更受欢迎的运营环境,从而使其更易合法化;操纵型战略指的是组织通过对环境结构进行有目的和有计划的参与、影响或操纵,去主动构建合法性。Zimmerman & Zeitz(2002)基于Suchman的合法性战略框架补充了创造型合法性战略,从而形成遵从型、选择型、操纵型和创造型四种合法性战略。创造合法性意味着通过创建对自身有利的制度规则,提出新的规范标准,以及营造新的价值观、认知模式等来构建组织的合法性。此外,也有学者在Suchman和Zimmerman等人研究的基础上进行探索(宋铁波等,2010;姚康等,2011),他们提出了企业自创始到发展成熟阶段的四种合法性策略,分别是顺从制度环境策略、选择制度环境策略、操控制度环境策略和创造制度环境策略,并且在合法性策略选择时,应同时考虑企业的行业特征(如行业成熟度)和自身的组织特征(如企业的经验），将两者进行分析匹配，从而选择出合理有效的策略。

企业的生存和发展需要资源，尤其是对所需关键资源的获取，而合法性则为企业从外部获得这些资源提供了窗口。从国内外近年来的研究趋势看，组织合法性理论被不断应用到创业、创新和战略管理等领域，合法性与企业生存或绩效之间的关系成为学者们关注的焦点之一。学者们大部分研究后认为，合法性有利于提高企业绩效和促进企业发展。特别是对于新创企业而言，合法性的获取有利于克服"新进入缺陷"（Stinchcombe，1965），也可以促进新企业的资源整合与成长（Zimmerman & Zeitz，2002）。比如，Certo & Hodge（2007）认为，高管团队的经验、教育背景及年龄等决定了组织的合法性水平，实证表明，高管团队的合法性对企业绩效有正向影响。这也表明，资源提供者往往会将合法性感知与绩效感知联系起来，从而更愿意为那些符合期望的和值得信赖的企业提供资源。Zott & Huy（2007）认为，企业通过象征性行动，呈现出与社会价值观和期望的一致性，以此获取合法性和更多资源。他们提出四种类型的合法性象征行动，分别是传递信誉、传递专业化组织、传递组织成就和传递利益相关者关系质量。此外，也有学者将制度理论中的组织趋同（合法性机制）对组织绩效产生重要作用这一观点，与战略管理理论中的组织差异化对组织成功有积极作用这一观点进行融合，提出适度战略相似性与绩效正相关，也就是说，合法性与企业绩效之间并非线性关系，而是倒"U"形关系（Forstenlechner & Mellahi，2010）。

随着对国外研究的吸收借鉴与继承发展，近年来国内涌现出越来越多的学者关注组织合法性领域的相关研究（张玉利，杜国臣，2007；杜运周，张玉利，2008；胡艳曦，曾楚宏；2008；吴月瑞，2011；杜运周，刘运莲，2012；彭伟，顾汉杰，符正平，2013；李玉刚，童超，2015）。国内学者们大都围绕组织合法性与创业成长、资源获取、创新发展、战略管理等方面的关系进行研讨，大多研究结果表明，合法性对组织绩效有促进作用，具体的各自研究所涉及的相关内容和结果本书将在第四章的理论模型构建部分做相应引述。

综上所述，通过文献梳理发现，尽管目前国内外学者们从不同的研究视角和领域对合法性理论开展了越来越广泛的应用研究，也出现了一些不同的研究结果，但普遍认同的观点是，合法性对于组织生存和发展是必不可少的,组织嵌入于社会中,如果其结构或行动不能满足社会期望,受到合法性的质疑及挑战,那将会给组织带来极为不利的影响。

第五节 文献评述

本章重点对所涉及的突破性创新、网络嵌入、企业资源、组织合法性等相关理论的文献进行梳理。通过对理论发展相关文献的综述,阐明现有理论的相关研究中可能存在的突破口,为本书整合相关理论找到切入点。

突破性创新是相对于渐进性创新而发展起来的新的研究领域。就现有文献而言,当前研究主要以概念界定、模式识别和经验总结为主,对企业突破性创新失败的原因更多是从表面现象加以理解,很少从内部本质进行探讨,缺乏从更深层次理论上对突破性创新过程研究的解释,也尚未明晰突破性创新实施的路径与机制。此外,目前的研究方法多采用案例分析与文献概括,其难以揭示案例现象背后的深层次机理,这就需要引入规范性的统计分析和理论演绎来拓展深化突破性创新的理论研究。

企业网络是管理领域研究的热点之一,学者们从各自视角对企业网络开展研究。近年来,基于嵌入视角对企业网络进行研究引起学术界的更多关注,通过文献梳理发现,相关学者从不同的划分维度考察了企业外部联系的嵌入特征,他们的研究也取得了丰硕的成果,网络嵌入也已发展成为研究企业网络的一个重要工具。然而,以往研究着重分析网络嵌入与企业绩效的直接影响,虽然现有研究对网络嵌入会影响企业绩效已取得了共识,但对于网络嵌入与企业绩效之间存在怎样的作用机制却意见不一,也较为缺乏对网络嵌入影响企业绩效的内在机制和过程进行深入研究,以及缺乏相关的实证检验。因此,有必要进一步研究揭示网络嵌入影响企业绩效的中间机制,开启它们之间的黑箱,这为本书提供了深入研究的方向。

资源观作为主流的战略管理理论之一,其对企业竞争优势及绩效的影响机制进行了深入讨论。网络资源观、能力与过程观和传统资源观都是基于资源观的理论分析框架发展而成,它们在渊源上是一脉相承的。传统资源观强调的是企业内部拥有的异质性资源能为企业带来竞争优势。在动态竞争环境下，基于传统资源观发展起来的企业的能力观、知识观、动态能力观和管理过程观认为，对资源的占有固然重要，但还应关注如何利用资源来创造竞争优势，这也更进一步阐释了构建企业竞争优势的本质过程。网络竞争情境下，将资源观应用到社会网络领域拓展而来的网络资源观认为，那些嵌入网络间的资源也是企业竞争优势的重要来源。可见，这些观点是对资源观的理论框架的完善和拓展，也为本书从资源视角入手展开相关研究提供了丰富的理论基础。

作为制度理论的核心概念，对组织合法性的研究近年来被不断应用到创业、创新和战略管理等领域，越来越多的学者开始关注合法性对企业生存和绩效的影响。学者们基于新制度主义理论对合法性概念进行了界定和维度划分，并从制度视角或战略视角，对组织合法性战略及应用展开理论阐述和实证检验。目前，有关合法性的研究文献中对于合法性各个维度及变量测量还缺乏统一的认识，对于企业的合法性途径、合法性影响机制及其管理等问题的研究还有待深化。此外，对于合法性作用机制的一些理论分析文献较多见，而对合法性相关的经验性研究并不多见。因此，未来研究应注重在理论分析的基础上进行更多的经验分析，深入探索和验证合法性对组织生存与发展的各种作用机制，以此更好地解释和理解合法性对组织的重要作用及意义。

鉴于此，本书从网络嵌入视角出发对创新网络化下的企业突破性创新进行研究，认为创新网络嵌入是企业获取网络资源的重要途径，以及创新网络嵌入中的制度嵌入性（旨在获取创新合法性）对于企业突破性创新的成功至关重要，这两方面结果将会影响企业突破性创新绩效。因而本书将以"网络嵌入—创新合法性获取和创新资源获取—突破性创新绩效"为逻辑框架，重点探讨在创新网络背景下企业网络嵌入对突破性创新绩效的影响及其作用机制。

第三章
探索性案例研究

通过文献回顾奠定了本书的理论基础,本章将针对本书的核心研究问题,选取四家典型企业案例开展探索性案例研究。通过案例内分析和跨案例比较分析,构建网络嵌入、创新合法性获取及创新资源获取与突破性创新绩效关系的初始概念模型,并形成相应的初步研究命题。

第一节 案例研究设计

一、案例研究方法概述

案例研究作为一种非常重要的社会科学研究方法,已被广泛应用于心理学、社会学、管理学和经济学等研究中(Eiserthardt,1989;Yin,2003)。案例研究是指现象与其背景边界不清晰时,使用多种资料源调查当前现象的一种实证研究方法(Yin,2003;项保华,张建东,2005)。案例研究作为一种有效的实证研究方法,其目的在于构建新理论和验证已有的理论,尤其是案例研究往往能在验证理论时发现一些新观点,从而将扩展或缩小原有理论的适用范围(项保华,张建东,2005)。

因此,与问卷调查、实验等其他社会科学研究方法相比,案例研究更有利于摆脱现有文献和过去经验的束缚,将更适合用于全新的社会研究领域及构建新的理论框架(Eisenhardt,1989)。可见,案例研究方法不仅能使研究者对研究对象进行深入调查,还可以使研究者建立起所研究现象与其复杂社会背景间的联系,其适合回答"怎么样"和"为什么"的问题(Yin,2003;苏敬勤,崔淼,2011)。因而当研究问题旨在探索解释构念间的深层作用机制时,更宜采用案例研究方法开展研究。

(1)案例研究的分类。

根据研究目的不同,可以将案例研究分为探索性、描述性、解释性和评价性四类(Eisenhardt,1989;Yin,1994;孙海法,刘运国,方琳,2004;苏敬勤,崔淼,2011)。各类案例研究方法的主要目的和侧重点如表3-1所示。

3-1 案例研究方法

案例研究类型	主要研究目的	研究侧重点
探索性案例研究	尝试寻找对事物的新洞察,或尝试用新的观点去评价现象	侧重于提出假设和理论升华
描述性案例研究	对观察对象的实践活动做出翔实且深入的描述与说明	侧重于描述案例的实际情况
解释性案例研究	运用已有理论建立若干理论假设,对相关性或因果性的问题进行考察	侧重于理论检验或验证所提问题
评价性案例研究	对研究案例提出自己的意见和看法	侧重于就特定事例做出评判

资料来源:作者根据余菁(2004),孙海法、刘运国和方琳(2004),苏敬勤和崔淼(2011)的研究整理。

按照所选研究案例的数量,可分为单案例研究和多案例研究。单案例研究主要用于对已有理论的某个或者某一方面的假设进行验证,也可用于对某一独特的或者新生的科学现象通过特例分析进行探索性研究(毛基业,张霞,2008)。多案例研究遵从复制法则,而不是抽样法则,若每个案例都可以从其他案例中得出结论进行验证(Yin,1994),则有力地证明了先前提出的新的理论假设的合理性。多案例研究因其可对每个案例进行重复检验,尤其当多个案例同时指向同一结论时,能显著提高案例研究的效度(Eisenhardt,1989),使研究结论的普适性也得以显著增强。进行多案例研究一般分为两步:第一步是对每个独立完整的案例进行案例内分析;第二步是进行多案例比较,分析每个案例之间的区别与联系,对所有案例映射的情况予以抽象与归纳,从而验证其假设。

鉴于此,本章的研究是从新的视角尝试探索网络嵌入对突破性创新绩效影响的内在机理,探究网络嵌入、创新合法性及创新资源获取与突破性创新绩效之间的作用机制,因而适于采用案例研究方法,特别是运用多案例研究方法,以系统构建新的理论框架,总结和提炼出变量之间的假设关系,为后续实证研究做准备。

(2)案例研究的步骤。

案例研究的步骤是指导研究者开展规范化和严谨性研究的重要框架。在案例研究的设计上,Eisenhardt(1989)特别强调理论构建型案例研究的准备、执行、对话三大阶段及八个步骤(表3-2),其中准备阶段分为启动、研究设计和案例选择与研究工具和方法选择三个步骤;执行阶段包括资料收集、资料分析、形成假设三个步骤;对话阶段分为文献对比、结束研究两个步骤(Eisenhardt,1989;Eisenhardt & Graebner,2007;陈晓萍,徐淑英,樊景立,2008)。同样地,Yin(2003)在Eisenhardt研究的基础上将八个步骤缩减为五个,即研究设计、收集数据准备、数据收集、数据分析和撰写报告等。因此,Yin(2003)所提出的研究框架与Eisenhardt最初提出的研究框架较为一致。需明确的是,Eisenhardt认为,用于理论构建的案例研究中应尽量没有预设的理论,以免对案例研究的考察发现造成偏见。而Yin则主张,探索性案例研究需要创建一个大致的研究框架,即提出可能的前导观念,这有助于提高案例研究的效率及案例研究的有效性。

鉴于此,本书采纳Yin(2003)的建议,在对已有文献进行梳理和分析的基础上形成理论预设和研究构思,并根据表3-2归纳的研究步骤和具体环节,对案例研究进行设计、数据收集和数据分析,构建网络嵌入、创新合法性和创新资源获取与突破性创新绩效间关系的分析框架,形成初始研究命题,为后续研究做准备。

表3-2 案例研究的步骤

研究步骤	主要内容	研究目的
准备阶段		
启动	界定研究问题 尝试使用前导的相关概念	将研究工作聚焦起来 为构念测量提供更好的基础
研究设计和案例选择	不受限于理论或假设 确定特定总体 理论抽样,而非随机抽样	保留理论构建的灵活性 控制外部变异,提高外部效度 聚焦于有理论意义的有用案例
研究工具和方法选择	采用多种数据收集方法 组合使用定性和定量资料 多位研究者参与	通过三角证据来强化理论基础 证据的综合审视 采用多元观点,集思广益
执行阶段		
资料收集	数据收集和分析反复进行,包括整理现场笔记 采用灵活、随机应变式的资料收集方法	即时分析,并发现对数据收集有益的调整 帮助研究者抓住浮现的主题和案例独特性质
资料分析	案例内分析 案例间分析,寻找跨案例的共同模式	熟悉资料,并初步构建理论 促使研究者摆脱最初印象,并透过多种视角来查看证据
形成假设	针对每一构念,运用证据迭代持续复核 跨案例逻辑复现,而非抽样逻辑 寻找变量关系背后的原因证据	精炼构念定义、效度及可测量性 证实、拓展及精炼理论 建立内部效度
对话阶段		
文献对比	与观点矛盾的文献相互比较 与观点类似的文献相互比较	建立内部效度机制,提升理论层次并强化构念 提升普适性,改善构念定义,提高理论层次
结束研究	尽可能达到理论饱和	当边际改善变得很小时,结束研究

资料来源:Eisenhardt K M:*Building theories from case study research*,*Academy of Management Review*,Vol. 14(4),1989,pp.532-550.

二、理论预设

传统资源观强调,企业内部拥有的异质性资源能为企业带来竞争优势。同时,社会网络理论认为,企业嵌入的网络也能为企业带来重要的异质性资源,这种资源被称为网络资源(Dyer & Singh,1998;Dyer & Nobeoka,2000)。由此,关于对创新领域的网络视角的研究也蓬勃兴起。其实,企业网络是企业创新最为重要的外部环境,它是企业获取外部创新资源的重要途径,也是创新资源的一种载体。在企业创新网络中,各网络成员相互联系和渗透,所形成的网状节点使大量创新资源集聚在其中,成员之间通过技能互补和资源共享来弥补自身创新资源不足的缺陷,这有利于网络间知识、资金、技术的流动和传播,因而企业通过网络嵌入可充分摄取和利用网络中的关键创新资源,从而降低企业创新的风险,推进企业创新的进程,提升企业的创新绩效。有关网络嵌入对企业影响的研究得到了学者们的广泛认可,很多学者认为企业网络的嵌入性特征影响着企业对资源的获取和利用,进而影响企业绩效(Mowery & Oxley,1996;Dyer & Singh,1998;Dyer & Nobeoka,2000;张方华,林仁方,2004;吴晓波,韦影,2005;刘雪锋,2009;谢洪明,赵丽,程聪,2011;谢洪明,张霞蓉,程聪等,2012)。

创新资源是影响企业创新发展的重要因素。就突破性创新而言,仅靠企业自身有限的资源难以顺利实施。从资源角度看,企业的突破性创新实施过程就是其获取创新资源、整合企业内外部资源和合理分配及利用资源的过程。可以认为,突破性创新决策就是企业应对外部环境,获取和利用资源的一系列安排(Uzzi,1996)。由于突破性创新往往面临较高的不确定性,企业获取信息的有效性及获取资源的数量和质量,对企业采取突破性决策行为起到了基础性作用。虽然已有很多文献认为,网络嵌入对于企业创新绩效的提升有着重要影响,但针对突破性创新的研究侧重,尚缺乏真正意义上关于企业网络对突破性创新作用机制的探讨分析。由此,为打开此中作用机理"黑箱",本书将基于创新合法性这一视角,进一步探究网络嵌入对企业突破性创新的影响机理。

已有关于组织合法性领域的研究为本书的研究打下了良好的基础。新制度主义理论指出,组织合法性是组织赖以生存与发展的重要根基(Meyer & Rowan,1977;Scott & Meyer,1983),企业合法性会促进企业绩效的增长(Deeds,Mang & Frandsen,2004;杜运周,张玉利,2008)。由此可见,企业开展创新是企业的一种行动,将会面临创新的合法性问题。新制度主义学派普遍认为,企业创新能否最终取得成功取决于制度上是否具有合法性,也就是说,创新企业获取合法性是其创新取得成功的关键和基础。这是因为,在现有的社会制度结构下,运用新技术的创新意味着会对原有制度和模式造成较大程度的改进或破坏,尤其是那种往往会引发本质性变革的突破性创新。人们习惯于原有的思维定式,以及对新产品缺乏理解和认同,这将导致外界对企业创新的认知障碍。为此,企业在进行创新时最先考虑的是如何避免这些困境,让新技术能够运用到企业中来(Bower & Christensen,1995)。企业大多创新活动失败的原因主要在于创新实施未能得到利益相关者的认同,从而失去他们对创新的支持(Aldrich & Fiol,1994)。因而,在企业进行创新的过程中,合法性起到至关重要的作用,如果提高了公众对创新合法性的认知水平,则创新很大程度上将会获得成功。研究指出,企业通过网络联系是其构建合法化的一个重要途径(Zimmerman & Zeitz,2002)。

由此可见,对于实施突破性创新的企业来说,一方面,突破性创新往往会与原有的制度和规范产生冲突,将面临"新进入缺陷"的合法性不足的压力,这就决定了突破性创新企业必须积极寻求外部利益相关者的认可与支持,通过与外部构建合作网络以便获取和提高创新的合法性水平,进而促进企业创新发展(Dacin,Oliver & Roy,2007);另一方面,企业开展创新活动意味着面向新用途配置资源,企业事实上不可能掌握开发创新所必需的所有资源,加之突破性创新投资大、周期长,这就需要与外部构建各种网络关系以便获得信息、技术、知识、资金和人才等有价值的资源(姚小涛,席酉民,2003;张方华,2006),通过网络嵌入有利于企业捕捉创新机会,整合关键创新资源,进而提高创新能力和促进创新绩效。此外,企业合法性在战略意义上也是一种能够帮助企业获得其他资源的关键性资源(Zimmerman & Zeitz,2002),企业获取创新合法性将会增强其对创新资源的获取能力。

综上所述,本书从企业创新的网络嵌入特征切入,将创新合法性获取和创新资源获取这两个中介变量引入网络嵌入作用于企业突破性创新的机理中来,考察网络嵌入如何通过相应的路径作用于企业突破性创新绩效,如图3-1所示。此理论预设将作为一个研究基准,用以指导后续案例分析的展开,通过对各案例数据与理论预设模型进行分析性归纳,形成本书的初始研究命题。

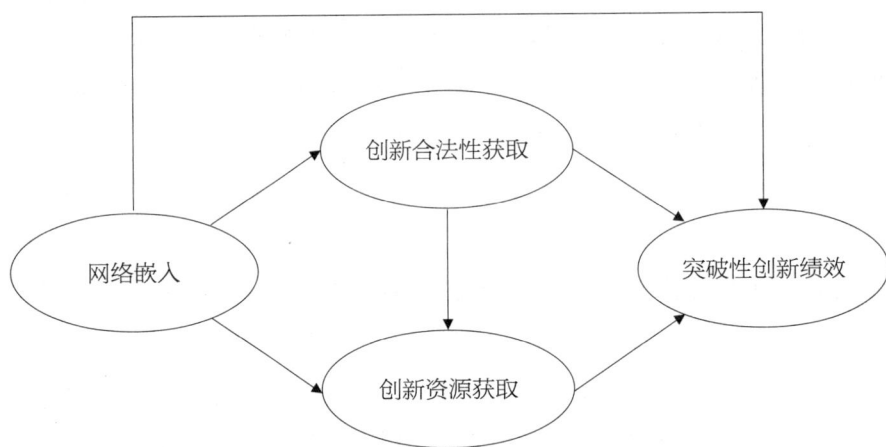

图3-1　网络嵌入对突破性创新绩效作用机制的理论预设

三、案例选择和数据收集

案例研究在样本的具体选择上不同于统计分析,Eisenhardt(1989)认为,案例研究的目的是初步归纳出相关理论,选择的样本不必遵循随机抽样法则,而是要与研究的对象和研究要回答的问题有关,若案例本身具有足够的典型性和特殊性,则可保证良好的效度和信度。在案例数量上,Eisenhardt认为,4至10个案例的跨案例研究可以奠定一个良好的分析归纳基础,同时也应当使用理论抽样来决定案例的数量,即当新增个案无法提供更多新知识时结束案例增加。此外,所选样本要具有典型性与代表性,能不断重复或充实正在构建中的理论,且对所涉理论进行反向复制抑或是消除可能混同的其他理论逻辑(Yin,2003;Eisenhardt,2007)。鉴于此,本章使用目的抽样和理论抽样相结合的方法,在对11家高技术企业进行预研的基础上选择4家不同的行业企业作为本书的多案例分析样本。

关于案例选择的考虑:第一,选取的案例与研究主题高度相关。所选案例企业都是国内行业领域创新的引领者,在实施突破性创新的过程中,都需要通过与外部组织建立各种网络互动关系来影响创新活动的开展。第二,注重研究案例的深度和典型性。本章所选案例企业都具备依托高新技术开创突破性创新的较强能力,行业涵盖了互联网技术、商业服务、生物医药和环保制造等领域,也兼顾了传统行业和新兴行业。

案例研究数据收集方法包括访谈法、观察法、文件法和档案记录法等。在案例数据收集中,也遵循了Yin(1994,2003)的建议:

(1)为提高研究效度,使用多证据来源收集数据。

一是文献搜索。通过浏览案例企业的网站信息,查阅公开的信息文献资料、公司内部资料及政府相关政策信息等来收集背景资料。二是访谈法,访谈是本书研究过程中的一个主要的信息来源。在文献梳理的基础上,形成初步的理论框架,设计访问提纲,然后对4家企业的中高层、产品经理、项目经理、部门经理等主管人员进行半结构式的深度访谈。为确保被访谈人员能对企业相关情况有较全面和深入的了解,我们明确要求,被访谈的企业的高层管理人员在企业的任职时间要超过3年,部门层面经理任职时间在2年以上。每次访谈时间控制在2—3小时,访谈之后,又通过E-mail、电话或者再次会面等形式与被访谈人员再次进行信息沟通,目的是补充所需信息。

(2)为提高研究信度,建立案例资料库。

案例资料库包括了典型案例调研笔记、视频、录音资料、文字资料、调研表格、分析材料和语言文字叙述等:一是在访谈前,先从网上收集企业官网资料,以确保企业的相关情况,确定本次访谈重点,或根据上一次的访谈结果和新的资料、研究想法对访谈提纲进行适当调整。二是在具体访谈过程中进行现场笔录和录音;在访谈结束后,及时对访谈内容进行整理和总结,由被访谈人员进行核对确认,一旦发现缺失及时完成补漏,同时将案例资料统一归档存入案例资料库以备用。

(3)基于案例数据整理与分析,建立证据链。

本书针对理论框架与模型再次进行深入探讨,对涉及本书研究的关键问题经过充分考证后得出结论。在案例收集过程中,需特别注意案例资料的客观性,以避免先入为主式的主观臆断。同时,针对所有收集的资料标明资料来源、过程、时间与特殊场景(表3-3)。

表3-3 案例企业资料来源

企业	访谈		文档	现场观察	媒体资料
	时间	对象			
A互联网平台企业	2014年10月	集团总裁之一J总、技术部Z经理	企业宣传材料、上市公司定期报告、行业发展报告、企业内部资料	利用政府委托课题的调研机会,多次到企业参观调研	企业网站、中经咨讯行、国研网
S商业零售企业	2014年11月	公司运营总监R总、杭州某门店H店长	企业宣传材料、行业发展报告、上市公司定期报告、年度总结报告	通过朋友关系多次到公司参观调研,与内部员工进行多次的非正式交流	企业网站、中国咨讯行、国研网
B高新制药企业	2014年8月	公司董事长D董、行政部T经理	企业内部材料、资质文件、所在产业园区提供的材料	通过政府对企业服务管理职能,多次到企业走访调研	企业网站、产业园区网站等上的新闻报道、行业媒体上的相关报道
X环保科技企业	2014年12月	公司副总经理X总、董事会秘书S	企业宣传材料、上市公司定期报告、所在产业园区提供的材料	通过政府对企业服务管理职能,多次到企业走访调研	企业网站、产业园区网站等上的新闻报道、行业媒体上的相关报道

资料来源:根据访谈资料的整理。

四、数据分析

Eisenhart(1989)认为,数据分析过程是保证案例研究内在效度的重要环节和案例研究的核心,并提出案例分析可分为案例内分析和跨案例分析两个阶段。案例内分析将单个调研案例作为独立的整体进行系统分析,跨案例分析则是在上述基础上对被选的所有案例进行统一整理和归纳。据此,本章的多案例分析包括两部分主体内容,即案例内和跨案例分析:一是对单个案例进行案例内分析。针对单个案例企业进行详细研究,对诸如网络的结构嵌入、关系嵌入、认知嵌入、创新合法性及创新资源获取和突破性创新等关键变量进行分析及编码且制成表格,从而识别单个案例的关键变量特征,为后续跨案例研究工作做好准备。二是进行跨案例分析与比较。在单案例阐释的基础上,将所有案例包含的特征变量通过排序进行整体分析与比较,即通过对4个案例汇总后的信息不断进行比较、归纳和总结,以便揭示网络嵌入、创新合法性获取、创新资源获取、突破性创新等变量之间的相关性与因果逻辑,提出本书的系列初始命题。其中,在案例数据分析中,尤为关注对多来源数据的交叉验证,以确保可信性;与此同时,为对现有理论进行有针对性的扩展与提炼,采用归纳分析法对案例进行分析,通过对单案例资料的深入剖析,建立先验概念模型,然后将先验理论推广到第二个单案例,比较分析其与第二个单案例的匹配度,且由此进行相应的数据调整。总之,对本章涉及的4个典型案例按照上述科学步骤进行不断的反复比较分析,直到先验理论模型逐渐趋向稳定,形成单个与所有案例数据相匹配的理论建构框架,从而得出各变量之间因果关系的假设命题(Eisenthardt,1989;项保华,张建东,2005)。

第二节　案例企业简介

本书选取的4家探索性案例企业的基本概况如表3-4所示。按照案例研究惯常做法,考虑到保密需要,本书将这些企业进行匿名处理(Yan & Gray,1994)。

表3-4　案例企业基本概况

	A互联网平台企业	S商业零售企业	B高新制药企业	X环保科技企业
成立时间	1999年	1990年	2003年	1992年
员工人数	约2.2万人	约18万人	近700人	1 000余人
年销售额 (2015年, 亿元)	约944	约3 000	约7	约3.6

续　表

	A互联网平台企业	S商业零售企业	B高新制药企业	X环保科技企业
主营业务	B2B网上交易、网上购物搜索引擎的提供,网上零售和支付平台以数据为中心的云计算服务	家电连锁零售,历经了空调专营、综合电器连锁、全品类互联网零售3个阶段经营模式	以自主知识产权创新药物研究和开发为核心,重点研发抗肿瘤药、糖尿病和心脑血管治疗新药	为环保、化工、矿物及加工、食品、生物医药等提供各类压滤机设备,以及系统综合治理整体解决方案
经营市场	致力于为全球所有人创造便捷的网上交易渠道,现服务来自超过240个国家和地区的互联网用户	目前连锁网络覆盖中国内地、中国香港、中国澳门和日本东京、大阪等地区,拥有1 600多家门店	研发的凯美纳新药在全国设有10多个销售办事处,拥有一支近500人的市场销售队伍	产品销售覆盖全国绝大部分区域,并已出口至40多个国家和地区
创新状况	不断率先创新整合电子商务产业链各个环节的服务,打造覆盖整个经济链条的电子商务生态系统	O2O商业模式创新为消费者和供应商搭建资源价值的整合平台,将自身角色从原来的产品销售商转变成满足消费者需求的运营商	坚持自主研发,技术突破创新发展,旨在成为集研发、生产、营销于一体的国家级高新制药企业	对压滤机设备本身、过滤系统及应用领域进行创新,在国内率先实现由压滤机制造商向压滤机系统集成服务商的转型升级

资料来源:访谈记录、企业提供的资料及企业网站上的信息。

一、A互联网平台企业

A互联网科技公司成立于1999年,总部位于杭州,集团及其关联公司目前在中国、日本、韩国、印度、英国及美国等的70多个城市共有2.2万多名员工。公司通过横向和纵向一体化战略组合经营多元化的互联网业务,致力于为全球所有人创造便捷的网上交易渠道。其业务包括B2B网上交易(国际、国内)、以数据为中心的云计算服务、提供网上购物搜索引擎等,现服务来自200多个国家和地区的互联网用户。公司自创办以来已发展成为全球第二及中国第一大互联网企业,两次被福布斯等权威机构评为全球最有影响力的电子商务公司。2015年总营业务收入943.84亿元,净利润688.44亿元。公司自2014年9月于纽约证券交易所成功挂牌上市以来,凭借强大的融资能力、雄厚的资金实力及领先技术,致力于创新构建覆盖整个经济链条的电子商务生态系统,目前已形成一个通过自有电子商务平台沉积与UC、电子地图、企业微博等端口导流,围绕核心电商业务与支撑电商体系的金融业务,以及配套的本地健康医疗、生活服务等,囊括了游戏、视频等泛娱乐业务和智能终端业务的完整商业生态圈。

二、S商业零售企业

S集团股份有限公司1990年创立于南京,是中国家电连锁零售企业的领先者。自创立以来,公司历经空调专营、综合电器连锁、全品类互联网零售三个阶段经营模式。连锁网络覆盖中国内地、中国香港、中国澳门和日本东京、大阪等地区,拥有1 600多家门店,年销售规模约3 000亿元,员工18万人,发展成为中国最大的商业企业。随着互联网和电子商务的高速发展,该公司密切关注中国家电网购行业的发展动态,2009年推出网上商城,2010年2月S网购平台正式上线,其标志着连锁经营模式的传统零售业S集团股份有限公司正式进军电子商务领域。经过两年多的发展,销售规模已进入中国B2C行业的前三名,2012年蝉联"21世纪中国最佳商业模式创新奖"。2013年年初,其提出"云商"概念,将"云商"模式概括为"店商+电商+零售服务商",创新性地提出以云技术为基础,整合前后台、融合线上下,服务全产业、服务全客群。2013年6月实施线上线下同价,强调线上线下渠道在商品、服务和价格方面的融合。双线同价是多渠道融合的第一步,标志着其O2O模式全面运行。2015年该公司凭借O2O商业模式创新荣获"中国零售创新大奖"。

三、B高新制药企业

B制药公司2003年创立于杭州,由海归博士团队创办,以自主知识产权创新药物研究开发为核心,是一家集研、产、销于一体的国家级高新制药企业。公司在杭州的生产基地占地面积40余亩,厂房约为8 000平方米,拥有

GMP认证的片(膏)剂生产车间和原料药、肿瘤口服制剂近15个国药准字号药品生产批文。同时,该企业在北京也设有研发中心,下设医学部、合成室等部门。目前,为满足日益增长的市场和生产需求,杭州占地面积为147亩的新总部也已建成并投入使用。该公司现有员工700余人,其中有100余名新药研发人员,包括10余位留学归国博士。该公司在全国设有10多个销售办事处,拥有一支近500人的市场销售队伍。公司于2011年自主研发的国家一类新药凯美纳获国家颁发的新药证书和生产批文,2012年凯美纳被列入美国权威机构发布的新药研发年度报告中,获世界知识产权组织和中国国家知识产权局联合颁发的"专利金奖"。凯美纳的临床应用是肺癌治疗领域的新突破,上市仅7个月,销售额就突破亿元,2015年该公司总营业收入已达7亿元。该公司将始终坚持开拓创新、造福于民的理念,致力于通过新药研发,努力实现创新为民、科技惠民。

四、X环保科技企业

X公司成立于1992年,总部位于杭州,是一家依靠科技创新发展起来的专业压滤机制造型集成商和服务分包商。经过20多年的发展,X公司已成为中国压滤机行业技术领跑者和新应用市场的开拓者。X公司现有员工1 000余人,拥有一支专业的研发团队,专职技术研发人员数量占职工总人数的17.72%。产品销售覆盖全国绝大部分区域,并已出口至40多个国家和地区,2015年公司总营业收入约3.6亿元。X公司从压滤机生产技术的研发向物料预处理、系统控制、资源利用技术研发延伸,形成了对过滤系统各环节先进技术的全面覆盖,在国内率先实现了由压滤机制造商向压滤机系统集成服务商的转型升级。尤其是自上市以来,借助于资本市场,X公司以环境治理综合服务商为目标,整合行业优势环保资源,打造优质健康环保产业链。现已形成环境治理综合能力,集物料及过滤工艺研发、控制系统设计、压滤机生产、系统调试服务提供于一体,为环保、化工、矿物加工、生物医药和食品等行业的综合治理提供整体解决方案。X公司的业务主要涉及环保设备制造,市政、工业、农村污水处理,流域治理,污泥无害化处置等领域。

第三节　案例内分析

一、企业网络嵌入特征

在组织网络视角下,学术界越来越关注社会结构与经济行为的关系问题。"嵌入"的观点意味着,创新活动作为企业的一项基本活动,其不能独立于社会环境之外,而是嵌入于所处社会网络之中,常常受相关行动者行为的影响,同时也可对其他行动者的行动施加影响。目前,学术界将网络嵌入主要划分为结构性嵌入、关系性嵌入和认知性嵌入。结构性嵌入反映了网络结构对于企业行为的影响程度。关系性嵌入反映出网络成员之间紧密而具有高品质的互动关系。认知性嵌入反映出网络成员之间形成的一种共同认知模式和观念。本书主要借鉴 Granovetter(1985)、Nahapiet & Ghoshal(1998)、Moran(2005)、邬爱其(2006)、黄洁(2007)、张方华(2010)和易朝辉(2012)等人的研究,针对结构性嵌入从网络规模、网络密度和网络中心性等三个维度,关系性嵌入从联系频率、联系持久度和相互信任度等三个维度,认知性嵌入从相似价值观和共同语言等两个方面,考察各案例企业的网络嵌入特征。各案例企业网络嵌入特征的状况如下:

(1)A互联网平台企业。

A互联网科技公司作为一家互联网电子商务企业,每天促成数以千万计的商业和社交互动,如消费者和商家之间、消费者之间,以及企业之间的互动。该公司以良好的定位、稳固的结构和优质的创新服务,主要通过三个交易市场帮助世界各地数以千万计的供应商和买家经营网上生意,包括集中国内贸易的交易市场,集中服务于全球进出口商的国际交易市场,以及在国际交易市场上的全球批发交易平台——"速卖通"。所有交易市场形成一个拥有来自200多个国家和地区约6 900万名注册用户的网上社区,目前已成为全球最大的零售交易平台。此外,近年来,该公司通过加大投资并购力度,不断加强主营业务,完善生态圈,为客户带来更多价值体验。同时,该公司也非常注重与金融机构、政府部门和行业协会等外部组织开展紧密合作,这为实施创新发展提供了很大帮助。

可见,该公司所处的企业网络规模很大及网络密度很高,且网络平台规模大,成员数量众多,网络成员多样性程度也较高。该公司作为国内互联网电子商务行业的领军企业,其在行业内外的声誉很好,很多技术方面或业务上的联系它都有参与,因而其在网络中的位置中心度很高。另外,该公司与创新合作伙伴建立了长期战略合作关系。相比于同行企业,其与网络合作成员间的联结强度较高,互动频繁且联系更加稳固持久。网络成员在合作创新中具有较高信任度,尤其是该公司的品牌声誉及所取得的成就赢得了网络成员对公司创新行为的信任。通过不断创新发展,该公司构建了一个协同、开放、繁荣的电子商务生态系统,对消费者、商家及经济发展做出贡献,这一理念得到网络成员的高度认同。

(2)S商业零售企业。

S集团股份有限公司作为一家商业零售企业,近年来随着互联网电子商务的快速发展,依托B2B平台与国内数万家知名家电供应商建立了紧密的合作关系,通过商品协调、市场协调和人才协调、沟通协调等机制,打造利益共享的高效供应链。为此,该公司基于多媒体技术体系,将供应商、连锁企业、分销商直至终端用户联结成一个整体,构建功能强大的网链结构,实现跨区域、跨行业的协作。尤其是创新性提出的S云商概念,基于以该公司为中心的零售生态圈,整合了商品流、信息流、资金流等各环节,对上游供应商、中游分销商和下游消费者提供全方位、一站式的云资源和云服务,并通过开放数据、云计算等技术能力,合作共建了开放的零售生态系统,实现了最终的综合价值交付。与此同时,该公司积极与行业协会、中介机构等保持紧密联系,多次召开行业峰会,携手国内知名供应商、政府部门、专家学者、社会专业机构等研讨行业发展与合作战略,如该公司和国务院扶贫办在北京签署全国农村电商扶贫战略合作框架协议,联合南京市政府、中国国际贸易促进委员会、中国互联网协会举办首届"互联网+零售紫金峰会",联合各大高校、人力资源专家、咨询公司、主流媒体举办"大学生择业暨企业人才培养高峰论坛"等。

可见,该公司通过商业模式的不断创新,构建了众多供应商、分销商、物流配送商和消费者等参与其中的一个庞大的商业网络,该公司则处于这一频繁互动网络的中心,行业领先者声誉及较高的品牌信誉度获得了合作者对该公司的信任。该公司所倡导的"引领产业生态,共创品质生活"使命,以及"服务至上、合作共赢、利益共享"的价值理念,也得到了合作伙伴的广泛认同。

(3)B高新制药企业。

B制药公司创业创新发展的过程,也是其创新网络得以构建和拓展的过程。该公司的化工制药原料来源于市场采购,目前拥有几家主要合作供应商。该公司的产品主要针对国内患者,公司销售模式采用的是专业化的学术推广,通过遍布于本土各地的营销管理人员组织学术研讨会或推广会,向目标市场介绍产品,目前已有9万多名晚期肺癌患者服用公司研发的新药凯美纳。该公司和相关行业协会机构进行广泛性合作,借助于相关学术年会设立展台,并组织召开新产品发布会或专题研讨会。该公司与政府部门及中国抗癌协会等机构都保持着长期紧密的联系。同时,该公司也非常重视药物创新研发方面的战略合作。2010年获得了世界500强美国礼来制药公司的战略投资;2013年与全球生物医药领域技术先驱美国安进公司达成战略合作协议并成立合资公司,将致力于创新型生物医药的研发和市场化;2014与美国Xcovery公司签约共同开发新一代间变性淋巴瘤激酶(Anaplastic Lymphoma Kinase, ALK)抑制剂,以及与美国加州大学签署了糖尿病药物研发合作意向。作为一个海归创业公司,B制药公司嵌入于两种类型的社会网络中,一类是国外的技术和市场网络,另一类是国内的商业关系网络和政治关系网络。随着公司创业成长与创新发展,公司与所处社会网络的联系互动日益频繁,双方间的信任也日益增强。

总体上看,该公司的创新网络规模还不是很大,合作伙伴多样性程度也不太高,目前其在网络中还不处于较高的网络中心位置,但其与合作伙伴有较好的联结强度,所处的网络地位随着公司发展得到不断提升。公司致力于新药研发,开拓创新、造福于民的经营理念和价值观,获得了创新网络合作伙伴的高度认同。

(4)X环保科技企业。

X公司在技术与市场方面构建了较为发达的创新网络。该公司主要生产压滤机系统设备,以及为客户提供更完善的压滤机过滤系统整体解决方案。公司拥有较多的供应商,与其长期合作的供应商就有10多家。在国内压滤机行业内有100多家企业,该公司的客户也很多,涉及行业非常广泛,如市政、工业废水、食品、医药、化工、矿物加工和冶炼等行业,目前的服务网络遍布全国的各省市区和国际40多个国家和地区。公司技术创新以自主研发为主,也重视"产、学、研"相结合的发展之路,注重与科研机构、高等院校的战略合作,建立了与设计院、工程公司、中间商、组展商、专业协会、网络运营商、商品提供商的长期合作,采取多种形式拓宽市场。此外,该公司通过举办专业论坛、讲座等,寻找和发现商机,扩大公司品牌知名度。如公司多次参展浙江治水联盟联合举办的中国(浙江)国际节能环保产业博览会,与多家与会企业建立了战略合作关系。公司已举办过三届院士论坛,邀请中国工程院院士针对机械制造、环境或相关学科的学术前沿进行专场演讲,吸引了当地很多企业和组织参与,通过论坛的影响力,拓展了该公司的社会网络。同时,公司也与政府部门加强合作,以政府企业伙伴关系(Public－Private Partership,PPP)模式,在基础设施建设、水环境治理等领域开展投资合作。

可见,该公司所处网络具有一定规模,其与合作伙伴的联结强度很高,与合作伙伴之间也具有较高的信任度。该公司是该行业的领军企业,是中国压滤机行业标准主起草单位。2009年被认定为"浙江省首批标准创新型企业",2011年获"杭州市标准创新贡献企业"称号。该公司在行业内外有着很好的声誉,很多行业内的压滤机过滤系统业务或技术上的联系大都会涉及它,因而可认为其在所嵌网络中的位置中心度很高。公司倡导"创新致远、合作共赢,以优质的环保产品和环境综合治理,为人类的生存环境倾注智慧和力量"理念,其创新发展理念也得到创新合作伙伴的广泛认同。

二、创新合法性获取

突破性创新起源于熊彼特的"创造性破坏"思想。在网络环境下企业突破性创新在实施过程中,可能会与现有社会制度结构产生冲突,受到所处社会制度环境的制约,将往往面临能否克服"合法性门槛"的创新合法性问题(Aldrich & Fiol,1994;Tornikoski & Newbert,2007)。创新合法性反映了社会或组织利益相关者对组织创新行为的认知。本书借鉴 Suchman 对合法性维度的划分,从企业创新满足利益相关者需求和预期程度的实用合法性,企业创新受到社会外界基于道德规范给予正确评判的道德合法性,以及企业创新被社会外界认为"有意义"程度的认知合法性这三个方面,来衡量企业突破性创新的合法性,各案例企业的访谈调研结果如下:

(1)A 互联网平台企业。

A 互联网科技公司是引领我国电子商务模式创新的先行者,其商务模式创新的过程既是基于我国制度环境制约下的本土化过程,也是寻求和构建创新合法化的过程。在其推出"网购"商业模式创新初期,由于国内大部分人都持有传统的"现购"观念,很少有人尝试"网购"。为此,该公司便利用平台网络信息传递的流畅性、快捷性特点,迅速向用户展现网购的优势,比如省时方便、价格优惠、送货上门、品类齐全、一站式购物等,逐渐改变人们对网购的看法,进而获得人们对这一模式的认同。此后,该公司根据我国电子商务市场环境及客户需求特点,围绕顾客满意度,不断更新技术,创新盈利模式及营销模式,创新支付方式,创新信用体系,创新制度,创新生态圈整合。这些创新推动了其本土化战略的成功实施,也相应地促进了其商业模式创新的合法性。

该公司创新合法性具体体现为:公司向消费者、商家及其他参与者提供技术和服务,让他们在其创建的生态系统里建立业务关系、创造价值和共享成果,很大程度上满足了利益相关者的需求和预期;公司实现创新所运用的大数据、云计算、互联网支付体系和互联网信用体系等新技术是合适的,以及创新的组织建构、公司高管所秉承的创新理念和管理风格为社会所认同;公司实施创新旨在为社会公众在商贸活动中提供极大便利和实惠,尤其是极大地提供了社会就业率,得到了那些参与创业的网商对创新合法化的积极响应,也得到了政府对公司创新的支持。

(2)S 商业零售企业。

S 集团股份有限公司所实施的 O2O 商业模式创新是对传统零售商业模式的一种突破。一直以来,商业零售的线上价格要比线下便宜一度被当成"定律",而该公司推行全渠道价格统一颠覆了这一看法,尝试解决目前零售行业普遍存在的"线上比价、线下体验"的问题,尤其是试图解决互联网购物缺乏体验的难题。当产品体验符合预期且价格具有竞争力,则很容易使消费者产生购买行为,故该公司O2O模式将会给传统零售商的实体店带来巨大冲击。为此,该公司在实施O2O创新中,也注重构建和获取创新的合法性,具体体现如下:

借由线上线下(O2O互联网)遍布全国的网络能够实现不同渠道、不同区域的消费群体全覆盖,为目标市场消费者提供融合O2O的完善用户服务体验。此外,该公司也让相关合作伙伴参与其中,如与政府部门合作推进家电下乡活动,在社会公益方面的投入使社会公众获得实惠等,以此获得外界对公司创新活动的支持。该公司具备强大的物流和仓储系统管理能力,已建成集采购、物流、售后于一体的完整的信息平台。公司自身拥有很强的技术团队,并与行业内领先的合作伙伴IBM组建了完整的平台开发实施团队;同时,凭借"行业领先,不断创新"的发展理念和运营模式,获得了很多荣誉奖项,这些都增强了外界对该公司创新能力的认同。随着互联网技术的普及和电子商务的发展,该公司旨在构建创新商业模式,整合打造集采购供应链、物流、金融于一体的生态系统,进而实现升级与重塑零售行业,这一理念在公众看来是有意义的和可接受的。

(3)B高新制药企业。

在创新方面,B制药公司自主研发新药,让人们获得健康的生活,致力于"为中国老百姓做更多吃得起的好药",可见其创新是非常有意义的。目前,该公司共有22个在研项目,其中6个国家一类新药,抗癌新药BPI-9016已获得临床试验批件,其他项目正在陆续完成临床前研究;其余16个三类新药及仿制药部分已完成临床试验。对公司而言,新药市场准入是影响医药产业创新的一个因素,新药赢得市场是公司的生命。在新药品研发及推广中,药品的合法身份证明被认为是最为关键的因素。当前,国家对药品的管理越来越严,公司新药凯美纳2006年经国家食品药品监督管理局批准进入临床Ⅰ期试验,2007年获中国知识产权局发明专利奖,2008年正式进入Ⅱb/Ⅲ期临床试验,2010年完成Ⅱb/Ⅲ期临床试验,2011年获新药证书,成为中国第一个自主研发的小分子靶向抗癌新药,正式开启上市后Ⅳ期临床研究。

可见,公司新药获得合法身份证明是企业赢得市场的一个突破口。进入市场推广,公司通过开展专业化的学术交流会、产品品牌发布会等引起医疗行业的瞩目。与此同时,凯美纳也引起了中外医药界的极大关注,其在业内声名远播,获得了颇多荣誉,如作为中国首例创新药物被列入全球新药研发名单,新药研究成果被国际顶尖医学杂志收录发表,以及荣获首届中国医药创新最具影响力品牌和国家科技进步一等奖,凯美纳也被部分省份纳入大病救助范围或医保支付范围,这些都为这个创新药品赋予了相当高的合法性。可以说,凯美纳成功上市也让该公司的新药研发实力和整体创新能力得到外界广泛认可。

(4)X环保科技企业。

X公司是一家高新技术企业,业务除环保设备研发制造外,还涵盖项目设计、项目建设及项目维护和运营服务。在创新发展中,公司认为获得客户和一些有利益关系的企业的信任和支持是最重要的,获取合法性确实在公司创新发展中举足轻重。

为此,公司注重与客户等利益相关者的沟通,会考虑让他们参与到创新中去,也会采纳他们提出的合理意见或建议。事实上,近年来,国家对环境保护问题日益重视,也加大了对环保设备行业发展的政策扶持力度。该公司以其强大完整的核心技术、丰富的项目经验及优质的项目完成能力赢得了政府的信任和支持,先后实施了十余项高新技术项目,以及与政府以PPP模式合作开展建设城市基础设施项目。这些业绩很大程度上提高了其获取创新合法性的能力。除了技术方面,公司还加强对环保产业链中、下游企业的整合,不断进行资源和业务的重组。由于外部组织一般会对进行资源重组活动的企业赋予更多的合法性,这就提高了企业创新的合法性。此外,该公司还拥有省级研究院和院士工作站,近年来在创新发展中获得了各种认证资质和荣誉称号,以及作为行业标准主起草单位的权威性和影响力,这些优势极大地促进了其创新合法性的获取。

三、创新资源获取

资源的获取和投入是影响创新的重要变量,因而创新成功和发展需要关键资源的支持。创新企业不可能完全拥有所需要的一切资源,这就决定其必须同所处环境内的资源控制者互动而获取所需资源(Pfeffer & Salancik,1978;Scott,1992)。由于突破性创新投资大、风险高、不确定因素多,单个企业所拥有的资源更难以满足突破性创新的要求。因此,为了追求创新,企业不得不与供应商、客户、同行、政府部门、金融机构、中介机构、科研机构和行业协会等外部组织建立联系,以获取发展所需的各种资源,尤其是那些存在于企业网络中的创新所需的有价值的关键信息、知识、技术及资金等资源。本节对4个案例企业的创新资源获取状况描述如下:

(1)A互联网平台企业。

A互联网科技公司在创业创新发展过程中,非常重视对外部资源的获取与整合。通过构建合作共赢的理念,打造产业链共同发展的格局,不断拓展企业社会网络,发挥和利用企业的优势以获取社会各界支持,从而寻觅和挖掘更多的信息、知识、技术和资金等资源。

比如,该公司通过淘宝网、支付宝、B2B、买家和卖家之间的交换、交易与接触,可以获得市场信息和开发市场方面的知识;通过与金融机构、服务提供商等核心利益相关者之间的交易、接触,可以获取更多的渠道信息,以及探索市场创新机会,如对金融信息进行剖析,与银行合作开发余额宝产品;通过与政府部门间的交流合作,可以获得政府在产业方面的政策信息,以及政府对企业创新的资金资助和税收优惠,如近年来该公司推出的互联网金融创新产品得到政府的许可与支持;公司通过与服务供应商之间的合作获得研发方面的技术及知识,如对支撑强大创新能力的搜索技术、数据库、云计算等技术的获取。此外,该公司还通过与金融机构关系网络的构建,先后经历多次大的融资,获得了来自高盛、软银集团、富达投资等的风险投资,表现出公司强大的融资能力,为企业的创新发展提供了强有力的资金支持。

(2)S商业零售企业。

S集团股份有限公司在商业模式的创新过程中,通过所构建的网络平台,与供应商之间频繁而富有成效的互动,可以有效地进行信息与知识共享,整合上游资源,组织生产适销对路的商品,把握市场发展机会和掌握技术发展趋势。同时,通过与最终消费者的直接沟通,可以有效收集顾客的各种消费需求信息、顾客的反馈信息及顾客的满意度信息等,从而把获得的市场信息转化为有效的市场方向,进而对产品和服务进行不断改进和完善。

在互联网时代,商业模式创新的实现需要技术的关键支撑。为此,该公司通过与IBM、思科和微软等信息技术领域的专业公司建立合作,进行技术研发工作。如通过与IBM建立长期合作伙伴关系,共同完成该公司ERP系统的升级,实现了公司信息化管理;共同完成创建了该公司集监控、数据、语音于一体的实时网络系统;合作开发将新技术与电子商务发展相结合的新型网站平台,如引入云技术、物联网技术,满足消费者全方位的服务体验,实现网上快捷支付、物流信息追踪,运用大数据和云计算整合消费者和市场信息,将其反馈给零售商,提供了新产品的设计思路,从而创造产品最大价值。同时,对消费者偏好进行分析,实施产品组合销售,以满足消费者更满意的购物体验,实现价值创造过程中的价值创新。可见,这些技术的获取和利用为该公司实施商业模式创新提供了强大的技术支持和服务。

(3)B高新制药企业。

作为典型的创新驱动型产业,生物医药产业的研发过程十分复杂,且创新所需资源和能力在产业链上的分布极为分散,任何制药企业都不可能完全掌握生物医药创新所需的全部技术、人才和其他创新资源。尤其是生物医药企业的研发投入占其销售收入的比重远超其他产业,医药研发固有的投资大、周期长特点,使企业面临资金短缺的巨大压力,这就更需要从创新网络中的合作伙伴或利益相关者处获取资金资源。

事实上,B制药公司自创业开始及创新发展的过程中,就得到了政府部门的大力支持,并与国外机构进行战略投资合作,如获得了国家科技部"重大新药创制"科技重大专项补助资金、浙江省知识产权局相关专利专项资金拨款、浙江省人民政府相关科学技术奖励等多项政府财政补助,以及享受高新企业及外资企业在税收方面的优惠政策和奖励,也相继得到国际知名药企美国礼来和安进的战略投资,为公司不断开拓新药研发奠定了资金基础。与此同时,该公司也注重与国内外医药科研院所的交流与合作,在更广范围内获得专业领域内具有商业化前景的药物及自身研发所需的信息、技术和知识等稀缺性创新资源。

（4）X环保科技企业。

X公司在发展中不断创新，通过与政府决策机构、有关协会等建立紧密关系，能够及时捕捉行业市场信息。如近年来浙江省政府推出"五水共治"重大举措，该公司对此积极响应，牵头成立浙江五水共治技术支撑联盟，发挥其在污泥处理上具备的"先发优势"，与国内外三十余家优秀环境技术企业签订了战略合作协议，强强联合，共同打造中国环境治理产业联盟，也由此获取公司创新发展所需信息、技术和知识等资源。同时，公司也注重与科研机构、高等院校的合作，及时掌握行业讯息和行业最新技术发展动态。值得一提的是，公司上市后，通过对产业链一系列的并购行为，整合获取了创新所需的技术和市场方面的资源，从而拓展了市场渠道，并得以进入新的业务领域。

此外，该公司通过高管的知识网络引进了技术领域的国内外院士，组建智囊团为公司提供外部技术支持。如公司某副总毕业于清华大学自动化系，其在专业技术方面享有一定的声誉，且在多个相关社会和行业机构内兼任管理职务，曾为公司策划并成功举办了"清华校友华东环境论坛"及"公司院士论坛"等。这些社会关系网络，有助于公司掌握外部技术、政策和市场等方面信息的变化，以及获取创新发展所需的关键知识资源。

四、突破性创新绩效

突破性创新是指在技术、产品、过程或商业模式上实施创新，对现有的产品或服务进行重大改进，使产品或服务的主要性能指标发生重大改变，甚至创造出一种全新产品，有效地改变了市场需求，并对当前的产业结构、市场竞争状态产生巨大影响（Tushman ＆ Anderson，1986；Chandy ＆ Tellis，1998；Kotelnikov，2000；Zhou，Yim ＆ Tse，2005；秦剑，2012）。创新绩效是对企业开展创新活动效率与效果的评价，突破性创新绩效可以从产品绩效、市场绩效和财务绩效几个方面来综合考量。本节对4个案例企业的创新绩效情况描述如下：

（1）A互联网平台企业。

A互联网科技公司是中国互联网企业运营模式创新的领先者。公司正在依托自己庞大的平台用户群和品牌声誉探索多元商业模式突破性创新，试图改变商业规则,颠覆传统商业与供应链,进军金融、娱乐和体育等行业,进行多元业务整合,旨在打造开放协同的电子商务生态系统。作为中国互联网企业创新的引领者,公司从1999年创办"全球网上集贸市场",旨在为中国中小企业搭建外贸资源信息平台,帮助其进军海外市场的B2B;2003年为中小卖家量身打造的C2C平台淘宝集市上线,满足普通网民对电子商务的需求;从2008年推出旨在吸引优质厂家与中高端消费者的B2C品牌,到2011年开始独立运作淘宝商城,再到2013年启动C2B战略,推出大规模消费者定制平台,又在2014年利用强势电商平台率先推出互联网金融创新产品。目前,该公司已经发展成为全球最大零售体,平台的交易量占据了全国社会零售总量的10%,由此带来超过约1500万人的直接就业与超过3000万人的间接就业量,带动了上下游产业新增纳税额约1800亿元。其未来目标是创新整合电子商务产业链各环节的服务,努力打造覆盖整个经济链条的电子商务生态系统,以此推动商业变革。

(2)S商业零售企业。

S集团股份有限公司作为国内率先践行O2O模式转型互联网零售的企业,其转型价值旨在为消费者和供应商搭建起主流新品的首销平台、核心单品的畅销平台、品牌形象的推广平台和资源价值的整合平台。该公司O2O商业模式的突破性创新颠覆了当前的商业定价模式及零售业行业习俗,将自身角色从原来的产品销售商、基础服务提供商转变成满足消费者需求的运营商,向用户提供家电和家居的整体解决方案而不是出售单一产品。鉴于此,O2O线上云台的功能在于:前后台资源得以开放,品牌商品与品质流量建立了良性的互动。线下门店的功能在于:集服务、引流、销售、展示和体验于一体,营造了城市生活空间与顾客服务的场景。自2009年以来,公司通过不断强化线上运营,以客户体验营销为中心,优化购物服务流程,持续进行丰富商品类型库存的网络营销转型;同时精准化推荐、智能化推送、商品搜索体验的服务理念得以不断提升。另外,随着"互联网+"的技术进程来临,该公司还通过移动用户终端,加速线上平台资源与线下门店资源的整合。2015年,该公司O2O实现营业收入1355.48亿元,同比增加24.44%。其中,线上平台交易额达502.75亿元,同比增长94.93%。经过6年互联网零售转型摸索,该公司线上业务迎来了爆发式成长,已成为传统零售企业转型为互联网零售企业的标杆。

(3)B高新制药企业。

B制药公司自成立以来,始终致力于以自主知识产权创新药物研究和开发为核心,重点研发抗肿瘤药、糖尿病和心脑血管治疗新药,目前拥有已授权专利50余项,尚有百余项专利正在申请中,制定技术标准4项。公司自主创新研发抗癌新药凯美纳,填补了我国小分子靶向治疗肺癌药物的空白,打破了国外跨国巨头制药公司的垄断,被卫生部赞誉为"民生领域内堪比'两弹一星'成果的重大突破",获国家科技部"重大新药创制"科技重大专项,并被列入科技部"国家火炬计划""国家高新技术研究发展计划(863计划)""国家战略性创新产品"。公司近年来在研发新药上不断突破,上市的新药销售业绩也取得了极大提高,凯美纳上市5年间,累计销售额超24亿元,贡献税收6.75亿元,其部分研发及产业化成果荣获国家科技进步一等奖。公司从行业追随者到行业领跑者,充分展示出强大的创新能力,2014年入选福布斯"中国最佳潜力中小企业"榜单。未来公司将坚持自主研发、市场销售和战略合作三角战略,致力于发展成为集研发、生产和营销于一体的高新制药集团,抢抓机遇,创新发展,全面布局诊断—药物治疗全产业链条,打造生物医药创新创业生态圈。

(4)X环保科技企业。

X公司自践行"大型化、系统化、专业化、自动化"技术创新战略以来,所研发的大部分新产品已经处于国内领先行列,如污泥深度脱水系统和全自动啤酒麦汁压滤机达到国际先进水平,具有广阔的市场前景。同时,该公司2007年被认定为"国家火炬计划重点高新技术企业",2009年获得"杭州市技术创新十佳高新技术企业"等荣誉称号,2011年被认定为浙江省企业技术中心和浙江省创新型试点企业。该公司先后实施众多高新项目,包括水体污染控制与治理国家科技重大专项、863国家高技术研究发展计划项目、国家火炬计划项目(3项)、国家重点新产品项目(4项)、浙江省高技术产业发展项目和浙江省重点技术创新项目,其中获省部级科学技术奖一、二、三等奖共8项。该公司目前拥有授权类发明专利约50项、实用新型专利约100项,授权发明专利和授权专利数量均居国内龙头地位。作为中国压滤机行业标准主起草单位，企业直接参与了本土环保、机械、化工和煤炭等行业标准的制定。近年来，该公司通过对压滤机设备本身、过滤系统单元及应用领域三个层面进行持续突破创新，不断开拓更多细分市场和新型市场，已率先发展成为行业内水环境综合治理整体解决方案提供能力最强的企业，其自主创新研发的剩余污泥和物化污泥系统处理新技术目前处于国际领先水平。

第四节　跨案例分析

在上节中，我们对4个案例企业在网络嵌入、创新合法性获取、创新资源获取和突破性创新绩效各方面的表现进行了详细描述与分析。为便于跨案例进行比较，在对案例描述分析的基础上，笔者结合案例企业的实际情况对它们的网络嵌入、创新合法性获取、创新资源获取和突破性创新绩效进行评判打分和初步编码，以很高（或很强、很多）、高（或较强情况、较多）、较高（或强、多）、中等、较低（或较弱、较少）、低（或弱、少）和很低（或很弱、很少）七个等级，从高到低依次表示案例企业各项指标水平。初步编码经被访谈人员审核修正后，形成如表3-5所示的最终编码结果。

表3-5　案例企业网络嵌入、创新合法性及创新资源获取与突破性创新绩效的汇总与编码

变　量		A互联网平台企业	S商业零售企业	B高新制药企业	X环保科技企业
网络嵌入	结构性嵌入	很多	很多	较多	较多
	关系性嵌入	强	较强	很强	较强
	认知性嵌入	高	高	很高	高
创新合法性获取		高	高	高	较高
创新资源获取		高	高	高	高
突破性创新绩效		很高	高	很高	较高

一、网络嵌入与创新合法性获取

在前述理论预设中,本书提出网络嵌入对创新合法性获取的重要影响在对4个案例探索工作中得到了较好验证,如图3-2所示。

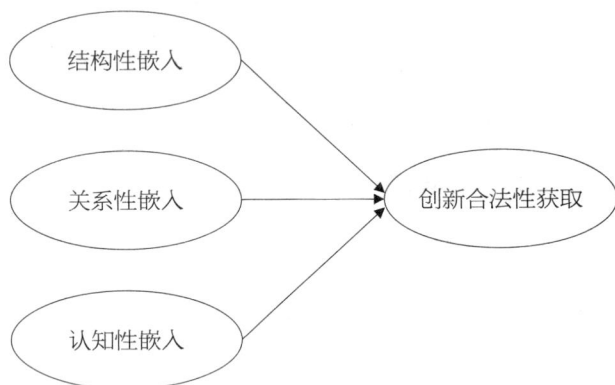

图3-2　网络嵌入与创新合法性获取的关系

网络嵌入具有影响和操控的作用,创新合法性获取是企业与利益相关者互相认知和互相影响的过程。企业嵌于所形成的网络之中,因而其创新行为也受制于网络。企业创新的合法性取决于外界对其创新行为的评判和认知,创新企业若得到利益相关者网络的认可和支持,将大大提高其创新合法性。

从表3-5中可以看出,网络嵌入与创新合法性获取成正向关系。案例访谈中,A公司[1]和S公司都提到在实施突破性创新的过程中,与网络成员间频繁互动和在网络的中心地位及声誉,建立了较强的信任关系,形成了较高程度认同的价值观,这些有助于其树立创新的合法性。B公司是海归高科技制药研发企业,其创新团队具有留美医学博士学术背景,4人入选国家"千人计划",其中某总还当选为全国人大代表,尤其是公司嵌入于国外与国内双元网络中,国外先进的技术网络有助于其获取技术层面的创新合法性,国内政治关系网络有助于其获取规制及认知层面的创新合法性,突出的技术创新

---

[1] 注:以下内容为了简便,用A公司、S公司、B公司和X公司代替A互联网平台企业、S商业零售企业、B高新制药企业和X环保科技企业。

能力和特殊的政治身份为其营造了有利于实施创新活动的合法性。X公司的突破性创新旨在由环保设备制造商延伸转型成为环境治理综合服务商,为此积极构建产业链的外部合作网络,与其进行深度融合和协作,通过成功实施并购行为巩固了公司的行业地位,传递出外部组织对公司创新的参与认同,从而提高了创新的合法性。

可见,通过网络嵌入可促进创新企业获取合法性。如果创新企业所嵌入网络的规模大且互动频繁,易于交流信息,利于构建信任,便于利益相关者了解或参与企业创新,从而能提高创新的实用合法性;创新企业在网络中的较高组织声誉及地位提高了创新的道德合法性;创新企业所嵌网络形塑的共有价值观提高了创新的认知合法性。

基于此,本书提出研究命题如下:

命题1:企业网络嵌入程度会正向影响企业的创新合法性获取能力。

命题1a:企业网络结构性嵌入程度会正向影响企业的创新合法性获取能力。

命题1b:企业网络关系性嵌入程度会正向影响企业的创新合法性获取能力。

命题1c:企业网络认知性嵌入程度会正向影响企业的创新合法性获取能力。

二、网络嵌入与创新资源获取

在前述理论预设中,本书提出网络嵌入对创新资源获取的重要影响对4个案例探索工作中得到了较好验证(图3-3)。

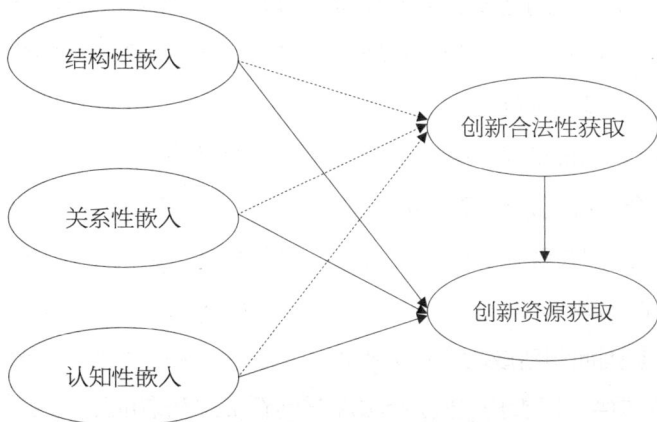

图3-3　网络嵌入与创新资源获取的关系

已有研究表明,企业的网络嵌入会影响企业创新资源的获取。企业与网络成员间的广泛联结和频繁互动,使其有更多机会从外部网络中搜寻和获取创新所需的信息、知识及资金支持。企业的外部网络中心性高,且处于信息、知识交换的中心节点,使其有更多机会接触丰富的信息、知识等资源,从而更易于获取创新所需的资源;网络间的关系强度高,成员间的信任度就高,较高的组织声誉促进了网络成员对企业的信任,网络间的信任能够降低企业间的信息不对称程度及交易成本,也可以减弱知识转移过程中彼此的知识保护倾向,从而使企业从外部获取更多有价值的信息、知识和资金等创新所需资源;创新企业的使命和价值观响应社会的需求和期望,得到网络成员的认同,形成网络成员间沟通的共同语言和价值观,有利于企业对创新资源的获取。

从表3-5中可以看出,网络嵌入与创新资源获取成正向关系。比如,访谈中4个案例企业的受访者都提及了网络嵌入对突破性创新资源获取的重要性。A公司J总就表示"作为互联网企业,我们为消费者、渠道商、制造商及社会公众构建了一个强大的网络平台……我认为所处网络的特征,也为我们提供了开创突破性创新所需的关键信息、知识、资金、人才和技术等资源"。S公司R总监提到"我们与生产厂家、物流企业和消费者频繁互动,构建信任……我觉得这些有利于我们获取实施商业模式突破性创新所需要的信息、知识和资金等"。B公司D总反复强调"从网络联系中我们可以了解和获取创业创新所需的信息、知识、技术和资金等"。X公司X总认为"毫无疑问,我们公司自身资源是有限的,创新的实施需要与外部构建合作。近年来我们依托自身多年环保行业经验及影响力,先后并购了与产业链相关的多家企业,这为公司的创新发展整合获取了行业优势资源"。

此外,合法性可以使企业获得生存和发展所需要的资源。创新合法性是企业从利益相关者处获得创新所需资源的前提。企业的资源获取能力会受到合法性的影响。尤其是突破性创新企业往往遭遇新产品或服务方面的合法性门槛,因而创新成功在很大程度上取决于创新合法性的获取。

从表3-5中可以看出,创新合法性与创新资源获取成正向关系。访谈中4家企业的受访者都提到了创新合法性对创新资源获取的重要性。例如,A

公司J总表示"我国电子商务属于一个新兴行业,我们要进行创新尤其是那种颠覆传统商业规则的突破性创新,创新行为得到社会认可大大提高了我们获取创新资源的能力。比如,我们的网络平台是可以互动的,我们会采纳参与者的意见,考虑他们的期望,以使我们的创新得到支持和欢迎。我们注重技术投入,我们公司的高层富有创新激情和人格魅力,我们的创新创造了就业,扩大了内需,得到了政府的肯定,这些都有利于我们获取创新所需的资金、信息、技术等资源"。S公司R总提到"我们推行O2O商业模式突破性创新,对传统商业模式具有某种颠覆意义。我们的创新被竞争同行和社会接受可能需要一个过程,若创新得到社会支持和认可,对获取创新所需的资源肯定会有促进作用"。B公司D董强调"对于我们这样的高科技生物制药创业企业,获得社会的肯定和认可,将大大提高获取创新资源的能力,特别是目前我们已经得到了政府的大力支持,并与国外进行战略投资合作"。X公司X总认为"作为行业领先企业,我们的技术能力及行业地位为外界所认可,我们通过对产业链上中下游企业的成功并购与整合,致力于创新并成为环境治理综合服务商,也得到了外部合作伙伴的支持,这些都有助于对创新所需资源的获取"。

基于此,本书提出研究命题如下:

命题2:企业网络嵌入程度会正向影响企业的创新资源获取能力。

命题2a:企业网络结构性嵌入程度会正向影响企业的创新资源获取能力。

命题2b:企业网络关系性嵌入程度会正向影响企业的创新资源获取能力。

命题2c:企业网络认知性嵌入程度会正向影响企业的创新资源获取能力。

命题3:企业创新合法性获取能力会正向影响企业的创新资源获取能力。

三、创新合法性获取、创新资源获取与突破性创新绩效

在前述理论预设中,本书提出创新合法性获取和创新资源获取对企业

突破性创新绩效有重要影响,这在探索性案例研究工作中得到了较好验证,如图3-4所示。

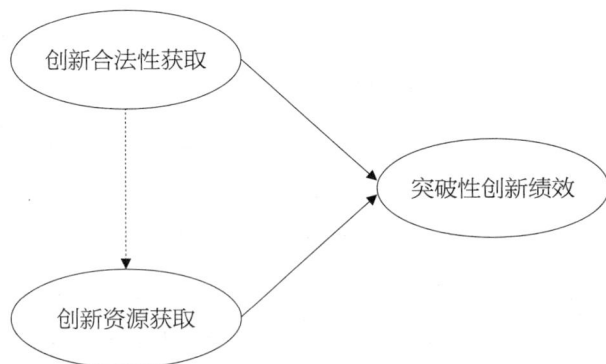

图3-4 创新合法性获取、创新资源获取与突破性创新绩效的关系

已有研究表明,合法性对于企业创新绩效有正向影响作用,这在本书的探索性案例研究中也得到了支持(表3-5)。比如,从A公司和S公司基于互联网技术及应用实施突破性商业模式方面的创新可知,两家公司的创新合法性获取能力都较强,在创新绩效方面表现也都不错。尤其是S公司在"互联网+"这一新兴领域进行创新,随着O2O突破性商业模式逐步为社会所接受和欢迎,其创新绩效有了大幅度提高。B公司研发的创新药物具有重大突破性意义,新药获得合法身份证明,批准进入市场推广,也是公司创新能力得到社会认可的体现,这极大提高了公司创新药的市场份额和销售业绩。X公司通过不断对外并购和整合实施创新,以此也相应获得较高的创新合法性,使得公司创新绩效有较大提升。

已有研究表明,创新资源获取对于企业创新绩效有着重要的正向影响,这在本章的探索性案例研究中也得到了有力支持(表3-5)。例如,A公司、S公司、B公司、X公司4家公司在实施突破性创新的过程中,囿于自身资源的局限性和资源本身的稀缺性,因而各自都非常注重对创新所需资源的获取,也都表现出了较强的资源获取能力,这些创新所需的重要的关键信息、知识、技术和资金等资源的获取,很大程度上提高了公司的创新绩效。调研结果也表明4家公司都取得了比较好的创新绩效。据此,本书提出以下研究命题:

命题4:企业创新合法性获取能力会正向影响企业突破性创新绩效。

命题5:企业创新资源获取能力会正向影响企业突破性创新绩效。

四、网络嵌入与突破性创新绩效

在前述理论预设中,本书提出企业的网络嵌入程度会对突破性创新绩效产生正向影响,这一点在案例研究中也得到了一定程度的证实,如图3-5所示。

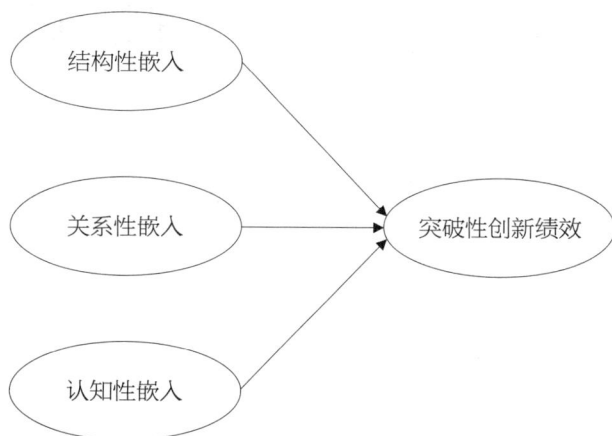

图3-5 网络嵌入与突破性创新绩效的关系

从表3-5中的数据及上述关于网络嵌入与创新合法性及创新资源获取、创新合法性及创新资源获取与突破性创新绩效的分析都可以看出,网络嵌入与突破性创新绩效有正向关系,即企业网络的结构性嵌入、关系性嵌入和认知性嵌入均有助于企业突破性创新绩效的提升。例如,A、S两家公司在创新行为的实施过程中积极发挥网络平台的作用,所构建网络在结构性、关系性、认知性特征方面的程度都很高,也均具有很不错的创新绩效;B公司和X公司在创新过程中能注重与外部合作者构建网络关系,所嵌入网络的结构性、关系性、认知性水平均较高,其创新绩效也相应较高。据此,本书提出命题如下:

命题6:企业网络嵌入(结构性嵌入、关系性嵌入和认知性嵌入)程度会正向影响企业突破性创新绩效。

第四章
概念模型构建

通过第三章的探索性案例研究,本书提出了网络嵌入对企业突破性创新绩效作用机制的6个初始命题,初步得出了网络嵌入作用于突破性创新绩效的路径,即网络嵌入与突破性创新绩效两者间的直接作用,以及网络嵌入通过创新合法性获取、创新资源获取间接作用于突破性创新绩效。本章将针对第三章推导的初始命题和基本概念模型,结合已有的相关研究开展更深层次的理论探讨,提出网络嵌入对突破性创新绩效作用机制的概念模型和细化假设。

第一节 网络嵌入与企业突破性创新绩效

网络嵌入理论认为,任何经济组织或个体都与外界存在一定的"社会关系",即嵌入于一个由多种社会关系交织而成的社会网络之中(Granovetter,

1985）。这一复杂关系网络的主体包括供应商、客户、同业竞争者、政府部门、高校及科研机构、金融投资机构等利益相关者。由于企业自身所拥有的创新资源有限,这就需要其通过网络嵌入来有效整合组织内外部资源,在实现创新过程中与外界进行社会互动,进而不断提高创新能力和绩效。大量研究也表明,企业在创新网络中的嵌入性决定或影响其创新绩效(Owen-Smith & Powell,2004;Echols & Tsai,2005;Gilsing,Nooteboom & Vanhaverbeke,2008;Lin,Fang & Fang,2009;张荣祥,刘景江,2009;郑登攀,党兴华,2012)。正如第三章探索性案例研究所提到的网络嵌入维度,本章将从结构性、关系性和认知性嵌入三方面对突破性创新绩效的影响展开理论分析。

一、结构性嵌入与突破性创新绩效

结构性嵌入指企业与其所嵌入网络的联系和网络结构的整体模式,通常以网络规模、网络密度及网络中心性等指标加以描述。网络规模反映了网络成员联结数量的多少。网络密度是指网络内实际联结数量占最大可能联结数量的比例(Izquierdo & Hanneman,2006)。网络中心性是指企业在网络中对核心位置的占有程度,反映了其在网络中的地位和权力。

从一定意义上讲,企业所处网络的规模和密度越大,意味着企业与客户、供应商、关联企业、竞争对手、政府、大学机构和行业协会等网络成员建立的联结越广泛,这有助于企业获取创新所需的信息、技术和知识,也拓宽了企业的产品(或服务)市场和销售渠道,从而会促进企业创新绩效的提高。现有许多研究文献也表明,创新企业的网络规模或网络密度对创新绩效具有正向影响(Cohen & Levinthal,1997;McEvily & Zaheer,1999;李志刚,汤书昆,梁晓艳等,2007;谢洪明,赵丽,程聪,2011)。此外,企业网络中心性越强,意味着企业具有较高的权力,则企业在网络中作用效应得以充分体现,其在网络资源配置中也往往起到主导性的作用;同时还可利用自身的主导地位引导网络开展创新活动,由此促进了创新成果的应用。国内外相关研究普遍认为,较高的网络中心性会提高企业创新绩效,如Powell(1996,1998)的相关研究表明,企业网络中心性对创新资源的获取和创新活动的支持有显著的正向影响。Tsai(2001)的实证研究也发现,处在网络中心位置的企业具备了较强的创新能力,即网络中心度越高,对企业创新绩效的影响越大。也有学者采用网络中心性来表达和测量网络的结构性嵌入特征,研究提出和实证分析了网络中心性对创新绩效的正向影响作用(刘元芳,陈衍泰,余建星,2006;范群林,邵云飞,唐小我等,2010;谢洪明,赵丽,程聪,2011)。

突破性创新具有周期长、资金需求量大、风险度与不确定性高等特点,这决定了单个企业无法仅靠自身能力就可获得创新成功。因此,外部网络嵌入将成为开展突破性创新的一条重要途径。企业与外部网络中建立联系的成员数量越多,其从外部就越有可能获取突破性创新所需资源,且持续增加的网络联系成员所带来的异质性创新资源也将增多,这些都将有利于企业突破性创新的实现。网络中心性强的企业处于网络内资源交换的中心节点,将有更多机会接触到丰富的各类网络资源,这有利于形成更多的创意,同时也越能获得与其他网络成员进行合作的机会,这将大大提高企业的创新成功率,此举有助于促进企业突破性创新绩效的提高。Quiment & Amara(2007)以加拿大魁北克光电产业集群为例指出,集群企业的网络规模、密度与中心度均与企业的突破性创新绩效有正向关系。

可见,对于突破性创新企业而言,所嵌网络规模大,网络密度高,网络中心性强,则企业就能从外部网络获取更多的创新所需资源和更大的针对应用开发的支持力度,这将有利于提高企业的创新绩效。因此,本书提出假设[1]如下:

假设1a[1]:结构性嵌入对突破性创新绩效有显著的正向影响。

二、关系性嵌入与突破性创新绩效

关系性嵌入指网络组织间在社会互动过程中建立起来的具体的人格化关系,可通过联系的频率、联系的持久度及相互间信任程度等指标加以描述。企业与网络成员间联系的频率反映了关系强度;企业与网络成员之间联系的持久度表征了关系稳定性;网络成员间的信任是关系性嵌入维度的

---

[1] 本章的假设关系是根据总体概念模型中自左向右的顺序编排的(图4-2),故在书中小节表述假设时,有些假设序号未按照其在小节出现的先后次序进行安排。

核心。

　　一方面,企业创新网络的关系强度越强,企业与网络中其他成员之间交流互动的频率越高,可以获取对应的创新信息、知识和技术等的机会就越多,使得企业在网络中的地位也会越高,这对企业创新绩效的提高有重要作用。学者们对网络关系强度与创新绩效的关系进行了分析研究,目前尚未获得一致结论,学术界将此争论称为"关系嵌入悖论"。大多研究结论倾向于关系强度对企业绩效有正向影响,认为与合作伙伴建立的强关系能够促进信任与合作,有利于高质量的信息和知识的转移获取,进而提高创新绩效(Krackhardt, 1992;Larson, 1992;Capaldo, 2007;魏江, 2003;吴晓波,韦影, 2005;池仁勇, 2007;许冠南,周源,刘雪锋, 2011;谢洪明,赵丽,程聪等, 2012)。我们在案例访谈调查中也发现,国内创新绩效越好的企业与其他成员的联系也越频繁,那些与外部联系越频繁的企业正是在不断创新发展中壮大的。然而,与强关系的研究相对应,也有学者认为,弱关系具有非冗余性特征,能带来新颖和多样化的信息,以及提供异质性的知识,因而更有利于创新(Granovetter, 1973;Kraatz, 1998;Rowley, Behrens & Krackhardt, 2000)。

　　另一方面,企业与其他网络成员间的联系持续时间越长,意味着关系稳定性越强。企业获取可靠的创新资源得益于网络关系的稳定性,由此降低了合作伙伴的机会行为发生的概率,从而为企业突破性技术创新活动顺利进行提供了保障,有研究表明,关系稳定性或持久性可以显著地促进企业创新绩效的提高(Powell, Koput & Smith-Doerr, 1996;张方华, 2010;朱朝晖, 2012)。此外,关系稳定性也有助于加强企业间的信任,信任是衡量网络关系质量的重要维度之一。现有研究对信任与企业创新绩效之间的影响关系基本达成一致,认为合作创新和成功间的关系受组织间的信任这一关键因素影响(Levin & Cross, 2004)。信任能降低企业间的监督成本,促进成员间的协作,支持成员的创新行为(Hogan, 1994),这有利于促进企业间共同解决问题,从而有助于提升企业创新绩效。Krause, Handfield & Tyler(2007)认为,信任增强了双方的合作意愿,使合作关系得以巩固,此举将会对企业间合作效果产生显著的正向影响作用。同时,网络组织间较高的信任程度促进了企业深度挖掘网络间的互补性资源(Powell, Koput & Smith-Doerr, 1996),网络间组织也更愿意将重要知识、信息与合作伙伴进行一定程度的共享(McEvily & Marcus, 2005),这将有利于企业创新绩效的提高。

综上分析,本书提出假设如下:

假设1b:关系性嵌入对突破性创新绩效有显著的正向影响。

三、认知性嵌入与突破性创新绩效

认知性嵌入指网络组织间共同理解的解释、表达与意义系统内的那些资源,包括了享有相似的价值观、共同语言等,网络的认知性强调企业与其外部网络成员的认知范式。在网络认知范式下,企业间合作通常会在协同工作中形成一定的规范和共同语言(Hansen, 1999),从而处于相同的背景下进行资源的交换和组合。在某种程度上,彼此间拥有共同的语言能提高接近他人并获取信息的能力;若彼此间语言和法则不同,则容易造成成员间的分离并限制交流(Nahapiet & Ghoshal, 1998)。由此可见,企业通过网络认知的嵌入性,降低了与网络成员之间交易的不确定性,有助于减少企业间沟通与合作的障碍和成本。从这一点来看,认知性嵌入对企业开展突破性创新而言显得尤为重要。

一些研究表明,网络组织间的相互认知使得他们在熟识的情境中沟通交流,这对知识特别是隐性知识的获取有促进作用,从而有利于提升创新绩效(Ferri, Deakins & Whittam, 2009)。在创新网络的合作过程中,当网络成员间拥有共同目标与价值观、共同期望等共同愿景时,他们之间进行资源交流和思想碰撞的机会将会增加,便使得彼此间的行为因更易理解而减少误解(Tsai & Ghoshal, 1998),因而作为一种治理机制,共同愿景可以降低机会主义行为发生的概率,强化相互间的合作目标(Wong, Tjosvold & Yu, 2005),这将有利于提高企业的创新绩效。另外,也有观点指出,过高的网络认知性水平形成了较为单一的认知模式,使得网络成员在思考问题方面不再多样化,容易产生同质化思维,阻碍新想法或新方案的产生,这可能不利于往往被现有惯例所排斥的突破性创新。

通过以上分析,结合此前探索性案例研究结果,本书认为,企业在实施

突破性创新过程中非常注重认知性嵌入网络的构建,较高的认知性嵌入水平有助于提升突破性创新绩效。因此,提出假设如下:

假设1c:认知性网络嵌入对突破性创新绩效有显著的正向影响。

第二节　创新合法性获取的中介作用

本书在第三章案例分析中得出,网络嵌入与创新合法性获取之间,以及创新合法性获取与突破性创新绩效之间也存在着正向影响。因而可推断存有这种可能:网络嵌入对突破性创新绩效的影响间接通过创新合法性获取这一变量的作用来实现。实践表明,如果只关注两个变量之间的线性关系,或许会掩盖了事物之间的真实复杂性关系,也有可能会误解研究现象的本质(卢谢峰,韩立敏,2007)。基于此,本部分将演绎创新合法性获取在网络嵌入与突破性创新绩效之间的中介作用机理。

在变量关系中,如果X通过影响变量M来影响Y,则称M为中介变量(温忠麟,侯杰泰,张雷,2005)。对中介变量的分析可以依次通过图4-1中的三个回归分析来实现。具体而言,自变量的变化能对中介变量的变化做出显著的解释(路径a);中介变量的变化能对因变量的变化做出显著的解释(路径b);当控制路径a和b时,自变量与因变量之间先前所表现出的显著作用(路径c)不再存在或减弱($c'<c$)了,由此可认为M在X与Y的关系之间起到了中介作用(温忠麟等,2004)。

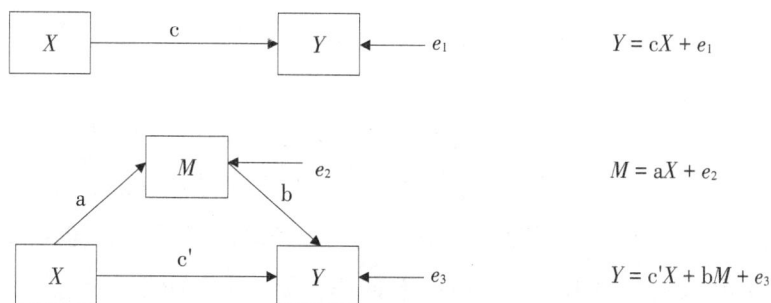

$$Y = cX + e_1$$

$$M = aX + e_2$$

$$Y = c'X + bM + e_3$$

图4-1　中介变量的分析过程

一、创新合法性获取与突破性创新绩效

合法性是组织社会学制度理论研究领域中的重要概念。合法性是在共同社会环境下,对行动是否恰当及是否合乎期望的一般性认识或假定(Parsons,1960)。组织获取合法性的过程是组织向其同行或上级系统证明其正当化存在权利的过程(Maurer,1971)。目前,对于创新合法性,学术界未得出明确的概念。因此根据本研究之需要,本书将企业开展创新活动视为企业的一种行为,基于组织社会学的新制度理论,借鉴Suchman(1995)对合法性的定义,认为创新合法性是指企业的突破性创新在社会建构的规范、价值、信念和身份系统中被利益相关者接受或认可的一种普遍性观念或假设。从突出社会网络主体即"利益相关者"对企业的认知角度,我们将创新合法性分为实用合法性、道德合法性和认知合法性三个方面,创新的实用合法性在于企业创新是否符合组织利益相关者的利益,道德合法性在于社会对企业创新行为是否符合道德规范的评判,认知合法性在于企业创新被外界认为"有意义"或"理所当然"的接受程度。

在制度环境下,企业创新合法性的制度化过程对企业创新市场化的实现非常重要,合法性与企业生存的关系成为创业创新领域学者关注的热点。有研究指出,企业在进行突破性创新过程中,合法性起到至关重要的作用(Hargadon & Douglas,2001)。在创新前期,创新企业通常会与利益相关者产生矛盾,而能够有效避免这些矛盾的关键在于获取创新的合法性;同时,创新合法性的获取会对企业创新绩效的提升有促进作用(Deeds,Mang & Frandsen,2004)。从战略意义上说,组织合法性可被视为一种资源,它会正向影响企业绩效(Zimmerman & Zeitz,2002)。国外有学者通过对样本数据进行时间序列分析得出合法性对新创企业的成功有显著正向影响的结论(Tornikoski & Newbert,2007);也有人通过实证分析检验发现,那些获得利益相关者认同的合法性新创企业能够获得更多的创新成果(Raghunath et al.,2008)。国内学者大都围绕组织合法性与资源获取、新企业成长、创新成功等的关系进行研讨,着重分析了制度环境下合法性对新创或创新企业生存发展的影响及作用机理,也考察了合法性对企业绩效的影响,研究结果表明,

合法性对组织绩效有促进作用(张玉利,杜国臣,2007;杜运周,张玉利,2008;徐二明,左娟,2010)。也有学者就企业合法化战略与创新绩效的关系进行研究后认为,合法化战略是提高企业创新合法性的行为过程,其对创新绩效存在显著的正向影响(吴月瑞,2011)。

综上所述,企业创新的合法性获取,关键在于得到利益相关者的认可与支持,从而促进创新活动顺利进行,进而能提升突破性创新企业的财务表现和市场成长绩效。据此,本书提出如下假设:

假设5:创新合法性获取对突破性创新绩效有显著的正向影响。

二、结构性嵌入与创新合法性获取

合法性解释了组织的社会嵌入性。企业嵌于所形成的社会网络中,其行为也会受到网络的制约。创新合法性反映了社会或组织利益相关者对企业创新行为的一种认知(Bitektine,2011)。企业通过关系网络联结主动塑造利益相关者对其创新的合法性感知,是获取创新合法性的一个重要手段(Aldrich & Fiol,1994;Suchman,1995;Zimmerman & Zeitz,2002;黄中伟,游锡火,2010;杜运周,刘运莲,2012;彭伟,顾汉杰,符正平,2013)。

研究表明,企业与所嵌网络联系的"溢出效应"和"骑背效应"也有利于创新合法性(Suchman,1995;Zimmerman & Zeitz,2002)。因为在实施创新的过程中,企业通过与客户、供应商、同业竞争者、政府部门和社会中介等搭建社会网络,尤其是与那些知名的、具有良好声誉的组织建立网络关系,从而可以借助这些网络节点的合法性溢出获取和提升企业创新的合法性(杜运周,张玉利,2008)。因而从一定意义上讲,企业所嵌网络的规模大、密度高,则说明企业与众多网络成员建立了互动联系,可利用的网络溢出效应就强,将有助于其创新合法性的获取。此外,创新企业处于网络的中心位置,一定程度上反映出企业具有较高的社会地位和权力,其与各种利益相关者建立关系的机会就多,通过对网络其他成员传递或施加自身影响力,从而便于获取创新的合法性,这可视为权力的一种特殊合法基础(Welch & Wilkinson,2005)。实际上,占据网络中心位置的企业通常被认为具有较高的社会地位及较好的声誉,从而更容易获得网络合作伙伴的认可与支持,这有助于创新企业合法性水平的提升（Tsai,2001）。

综上可见,企业突破性创新的合法性获取依托于所嵌网络,企业通过结构性嵌入可获得利益相关者对创新合法性的认同,从而获得制度支持,使突破性创新得以顺利进行。因此,本书提出如下假设:

假设2a:结构性嵌入对创新合法性获取有显著的正向影响。

三、关系性嵌入与创新合法性获取

对于突破性创新而言,由于面临社会对其较低的认知度和较高的不确定性感知等认知障碍（Zimmerman & Zeitz,2002）,这就需要企业在与外部组织的关系互动中有效克服这种合法性约束,从而获得外界对企业创新行为的认可与支持,即通过与网络中其他成员的关系性嵌入提高创新合法性的获取能力。

一方面,创新企业与政府、监管机构、审批部门和专业机构等相关部门进行频繁和持续的联系,与这些网络成员建立紧密而持久的关系,有利于将积极的企业信息传递给这些权威机构,并更容易地获得这些机构对企业创新行为的认可,从而获取和提高企业创新在规制方面的合法性,保障创新活动的顺利开展。同时,在创新实施过程中,企业加强与顾客、供应商、科研机构和投资机构等之间的联系互动,增进他们对企业创新方面的了解,使得企业创新能够最大程度地符合他们预期,这有利于提高来自这些群体对企业创新合法性认知的水平。

另一方面,创新企业与其他网络成员间信任程度高,减少了他们对企业创新的不确定性感知,增强了他们对企业创新行为的理解,也相应地提高了他们对企业创新的认可,会使得他们更乐意提供资源支持企业的创新。大多创新活动之所以失败,并不是因为创新没有市场潜力,而是由于在创新过程中相关企业与利益相关者未能建立起信任关系,没有达成和利益相关者一致的认同,从而失去制度的支持（Aldrich & Fiol,1994）。在制度环境下,有效的网络运作会带来利益相关者对组织创新行为的信任与支持,是创新组织获取合法性的重要手段（李靖华,黄继生,2014）。

综上可见,创新企业所嵌网络中成员间的联系越紧密持久,成员间相互

信任的程度越高,则越有助于企业创新合法性的获取。因而,本书提出如下假设:

假设2b:关系性嵌入对创新合法性获取有显著的正向影响。

四、认知性嵌入与创新合法性获取

如前所述,网络嵌入水平由表及里可划分为结构性、关系性和认知性三个层次。从某种程度上讲,这三者之间是一个层次递进的关系,三者的整合反映了企业外部关系网络的水平和价值。网络嵌入的认知性维度主要是指网络中的认知范式,如共享的语言和符号、共享的价值观和愿景等,体现了企业关系网络的最深层次的内容。

基于组织社会学制度理论视角的研究认为,企业合法性是一种作为符号价值被企业外部环境所识别的形式(Scott,2001)。因此,创新企业通过网络认知性嵌入,即主动展示和传递与公众一致性较高的企业文化和价值观,积极履行企业社会责任,以得到社会公众的认可与支持(郝云宏等,2012)。同时,还需要努力与所嵌入网络群体的规则、价值观和信仰系统保持一致,使企业获取较高的认同感,将有助于提高创新的合法性水平。此外,在网络共享的语言、符号及文化中,沟通变得容易,网络间成员也容易产生共同的预期。若企业网络拥有较高的认知性嵌入,将有利于加深企业与其他网络成员之间的互信,这种诚信的网络环境也将为企业带来较高的组织声誉。组织声誉是外界基于企业以往行为对其未来行为进行推测得出的一种认知(陈仕华,齐靠民,2010),良好的组织声誉有利于获得人们对创新产品和服务的认同。可见,企业建立良好的组织声誉是获得合法性的有效途径,组织声誉的提升有利于创新合法性的获取(李宏贵,周洁,2015)。

综上分析,本书提出假设如下:

假设2c:认知性嵌入对创新合法性获取有显著的正向影响。

第三节　创新资源获取的中介作用

一、创新资源获取与突破性创新绩效

资源的获取是影响创新的重要因素。事实上,创新企业不可能完全拥有所需要的一切资源,这就决定其必须同所处环境内的资源控制者互动而获取所需资源。一般而言,创新企业可从外部资源控制者处获取信息、知识、资金等创新所需资源(张方华,2006),创新信息主要有市场需求信息、技术信息和政策信息;创新知识主要包括市场开发、技术研发和创新管理方面的知识;创新资金主要来源于政府资金或税收优惠、金融投资和风险投资等。在创新研究文献中,资源获取对创新活动的影响得到了广泛关注,创新资源是创新活动得以成功的基础已被大多研究所证实。

资源基础观认为,企业由资源所构成,企业获得竞争优势的关键在于拥有异质性资源,这也是导致企业间业绩差异的主要因素(Barney,1991)。企业要获得生存,很大程度上依赖于创造新资源、发展现有资源和保护核心资源(Day & Wensley,1988)。而资源依赖理论认为,生存是组织首要考虑的问题,资源是生存的基础,没有一个组织完全意义上拥有所需要的所有资源,因而对资源的需求构成了组织对外部的依赖(Pfeffer & Salancik,1978)。

资源依赖理论和资源基础观都指出资源对组织生存和发展的重要性,这意味着对于创新企业而言,实现创新成功和发展需要关键资源的支持。组织资源决定了组织的生命力,企业开展突破性创新将应对非常规性任务,对其能否有效承担并高效完成的一个重要评判指标就是获取资源的能力(Hillman,Withers & Collins,2009)。因此,若创新所需信息、知识和资金等关键性资源不足,将很有可能导致突破性创新难以为继。有研究证实,信息获取能力对提升企业创新绩效具有推动作用(Kogut & Zander,1992),创新企业对市场、技术和政策等信息的获取显著地正向影响其创新绩效(Souitaris,2001)。知识作为最重要的资源及提升企业竞争力的关键因素,对企业创新有着显著的推动作用,有助于提高创新绩效(Lynn,Reilly &

Akgün,2000;O'hagan & Green,2004）。此外,企业的创新活动需要充足的资金投入（Howitt & Aghion,1998;陈劲,Chawla,2001）,突破性创新更需要大量的投资,而资金不足使得我国企业开展创新活动面临着很多不利因素（官建成,2004）。

由此可见,创新企业对资源的获取能力将成为判断其能否实现创新目标和提升创新绩效的一项重要指标。对突破性创新来说,创新实施过程实质上就是企业对创新资源进行获取、整合和利用的过程,而对创新资源的获取是突破性创新成功的关键保障（秦剑,王迎军,2010）。据此,本书提出如下假设:

假设6:创新资源获取对突破性创新绩效有显著的正向影响。

二、结构性嵌入与创新资源获取

企业所处网络中蕴含着关键性资源,通过所嵌网络是其汲取资源的有效渠道,因而通过网络嵌入有助于其获取创新所需资源（Anderson,Forsgren & Holm,2002;Hulsink & Elfring,2003;张方华,2010;朱秀梅,李明芳,2011;秦剑,张玉利,2013）。企业通过社会网络获取的资源是其从事创新行为的必要条件（Dyer & Singh,1998）。本质上讲,资源获取可视为企业借由网络嵌入提升绩效的一个重要机制。

前文已述,网络规模是衡量结构性嵌入特征的一个重要指标。企业网络是网络资源的载体,其规模大小反映了企业可汲取资源的丰富程度。已有很多研究都表明,企业网络规模对其所获取的创新资源有正向影响。可见,随着企业所构建网络中的成员数量不断增多,网络成员间往往能够更为广泛地传递与分享更多的资源,并随着成员特征的多样化程度日益增强,将促使企业快速摄取大量异质性及互补性的有价值的资源（Hagedoorn,1993;Debresson,2004）。同样地,网络密度这一指标反映了网络成员间的联系程度,其对创新资源获取也有正向影响。有研究指出,高密度网络将促成众多企业间的联结,促使网络资源在网络内更快流动（Coleman,1988）,网络联系的密度越大,企业就越能接近各种资源,进而根据需要获取所需资源（Burt,1992）。

此外,作为结构性嵌入特征的重要衡量指标之一,较高网络中心性意味着企业能够整合众多网络成员的知识和信息,起着联结其他众多网络成员的关键作用。这些企业往往是网络中信息交换的中转站和资源的融汇点,这让他们在配置资源方面优势明显。企业越是占据网络中心位置,将越有助于其获取更多的关键性资源。已有研究表明,处于网络中心位置的企业更易于接近大量外部信息,由于网络中心的信息会快速更新和资源快速流动,企业更易于利用和控制与创新相关的信息、知识等资源(Gnyawali & Madhavan,2001;Hossain,2009)。

由此可见,对于实施突破性创新的企业来说,通过结构性嵌入获取创新所需的资源显得尤为重要。因而本书提出如下假设:

假设3a:结构性嵌入对创新资源获取有显著的正向影响。

三、关系性嵌入与创新资源获取

企业与其他网络成员之间的联系互动频率反映了网络关系强度,关系强度是网络关系特征的维度之一,其在企业获取外部创新资源中发挥重要的影响,强联结关系能使企业从创新网络中获取更多所需资源。已有研究发现,强关系有利于网络成员间的深度互动,能够显著地促进企业获取信息、知识和技术等创新资源(Larson,1992;Dyer & Singh,1998;魏江,2003;李玲,党兴华,贾卫峰,2008;谢洪明,张霞蓉,程聪等,2012)。另外,与网络成员保持长久联系的稳定性是网络关系特征的另一重要维度,它也能显著影响企业对创新资源的获取程度。企业与网络中利益相关者建立持久的关系,有助于及时获得精准信息及提高信息识别能力,也有利于获取更多的创新所需资源。这种长期的持续的互动推动了网络中显性知识和隐性知识及技能的转移获取(Powell,Koput & Smith-Doerr,1996)。

随着创新企业与网络成员间的联系互动愈加频繁,以及合作时间更加长久,网络成员彼此间的信任程度也将越高,各成员之间更愿意彼此交换创新资源,创新企业就更易于获取所需的关键性资源。可见,创新企业与外部网络各主体之间的信任关系对创新资源的获取也有显著的促进作用。已有研究认为,网络联系越紧密,越能增进成员间的信任,使得各种资源在成员间互换,企业便能获得所需资源(Gulati,1995);网络关系是基于信任的紧密联结的互动关系,网络成员利用这种关系可获取与共享资源(Uzzi,1997);信守承诺的行为主体值得信赖,其在社会网络中有较高的声誉,会对行为主体间资源的交换产生积极影响。组织成员间的信任程度越高,组织成员间就更愿意共享和交换信息(Chiles & McMackin,1996)。彼此间的相互信任能减少机会主义行为的发生,因而基于交互作用所建立的信任关系有助于更好地对信息和技术诀窍进行交换转移。同时,信任是网络内成员分享隐性知识的前提条件,也是成员间进行知识交换最为重要的前提条件之一(Oliver,2002)。

综上分析,本书提出假设如下:

假设3b:关系性嵌入对创新资源获取有显著的正向影响。

四、认知性嵌入与创新资源获取

如前文所述,以语言、符号和价值体系作为认知范式的认知性嵌入体现了关系网络最深层次的内容。因此不难理解,网络的认知性嵌入程度对企业创新资源获取水平的提升有着极为重要的影响,这种嵌入是网络成员间互动交往的基础,也是网络成员间交流并交换信息、知识等资源的有效方式。因为在有共同语言和符号的网络群体中,对一方来说,可以较容易地从其他方那里获取信息和其他所需资源。在网络共享的价值观和愿景下,成员间可以对不同的结果产生共同的预期,且彼此之间也加深了相互信任和协作的程度。因而也不难发现,有共同的语言和符号或价值体系和目标愿景有利于企业提高对所需信息、知识等创新资源进行交换和整合、获取的能力(Nahapiet & Ghoshal,1998;Dyer & Nobeoka,2000)。

结合本书案例研究发现,值得一提的是,资金获取对我国企业成功开展创新活动有着很大的影响,而开展突破性创新活动就更需要通过各种社会网络关系来获取金融资源,通常需选择外部融资渠道以获得资金支持(Empson & Chanpman,2006)。由于突破性创新的不确定性和风险较高,外部投资合作者承担的风险也较高,若创新企业与网络中的利益相关者享有较高一致性的认知范式,将有助于获取创新所需的资金支持。事实上,本书的案例企业在认知性嵌入过程中,都非常注重向外界积极传递和展现与公众一致性较高的企业文化及价值观等愿景,由此也获得了来自政府机构、银行及风险投资等对创新的资金支持。

综上可见,网络的认知性嵌入是企业获取创新资源的必要条件,其为网络内的成员提供共享的语言、符号和价值观念,使得企业与网络内其他成员之间的相互理解和相互沟通变得更加容易,从而为企业创新所需资源获取提供了便利。因此,本书提出假设如下:

假设3c:认知性嵌入对创新资源获取有显著的正向影响。

第四节　创新合法性获取与创新资源获取

制度理论认为,从战略视角看合法性是一种能够帮助企业获得其他资源的重要关键性资源(DiMaggio & Powell,1983;Hatch,1997;Meyer & Rowan,1977;Scott,2001;Zimmerman & Zeitz,2002;杜运周,张玉利,2008),这是因为外部利益相关者都愿意把自己拥有的资源提供给那些看起来非常符合社会规范和期望(即合法性)的组织。一般而言,企业合法性水平越高,就能更容易、更有效地获取网络外部组织所拥有的高价值资源。正如Dacin,Oliver & Roy(2007)指出的,企业通过构建联盟网络能够获取不同类型的合法性,这将有助于企业获取各种类型的资源。

从资源视角看,Pfeffer和Salancik(1978)认为,合法性影响组织对竞争资源的获取。就创新企业而言,创新合法性是其获得其他资源的重要基础,企业只有跨越了合法性门槛,才有可能从外部网络获得对资源的支持。这意味着,创新企业要想获取网络资源,需要提高企业合法性,企业若得到利益相关者对其合法性的认同,将会从他们那里获取创新所需的必要或关键资源。有学者通过对生物制药新创企业进行实证研究后发现,组织的合法性对资源获取有积极影响(Deeds,Mang & Frandsen,2004)。也有研究发现,具有更高合法性水平的组织相比于具有较低合法性水平的组织,能获得更好的所需资源(Deephouse,1996)。可见,在一定程度上,企业借由外部网络嵌入,从而获取资源的过程也是企业向利益相关者传递其合法化的过程。

突破性创新本身具有新颖性、不确定性，加之突破性创新往往会与既有社会制度结构发生冲突而遭遇合法性门槛，这使得利益相关者不愿冒风险投入资源参与创新。若企业的创新行为得到利益相关者的认可、信任与支持，将会大大增强其获取创新资源的能力。

因而，若企业突破性创新符合利益相关者的预期，他们就会支持企业进行创新活动；企业的创新产品或服务受欢迎，以及创新技术、创新过程、组织架构、领导者及员工行为等符合道德规范正当性，社会对其创新行为就会给予认可和支持；企业创新在社会外界看来是理所当然的、完全可以理解的、有意义的，就会被社会所接受。这也就是说，创新企业一旦获取了合法性，将会大大提高其从外部网络中获取创新资源的能力。

综上分析，本书提出如下假设：

假设4：创新合法性获取对创新资源获取有显著的正向影响。

本章在第三章得出的网络嵌入对突破性创新绩效作用机制的初步假设命题基础上，结合相关文献对初始命题展开更为深入的研究分析，通过结构性嵌入、关系性嵌入和认知性嵌入等三个维度来描述嵌入网络的特征，在文献归纳和演绎的基础上提出创新合法性获取和创新资源获取这两个中介变量的作用，剖析了网络嵌入通过促进创新合法性获取和创新资源获取，进而提升企业突破性创新绩效的作用机制，细化的概念模型如图4-2所示。

通过推导论证，本章提出与概念模型相对应的研究假设，汇总如表4-1所示。从表4-1中可以看出，网络嵌入各维度对创新合法性获取有正向影响；网络嵌入各维度对创新资源获取有正向影响；创新合法性获取和创新资源获取对突破性创新绩效有正向影响，创新合法性获取和创新资源获取在网络嵌入与突破性创新绩效的关系中起中介作用，且创新合法性获取还在网络嵌入与创新资源获取的关系中起中介作用。

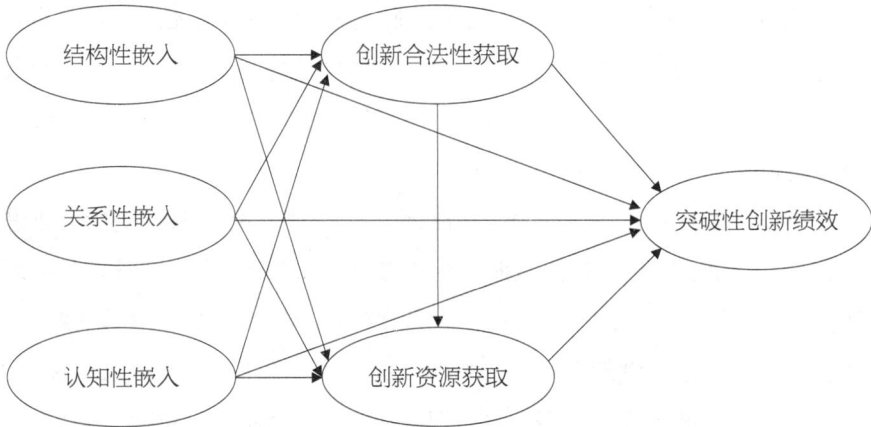

图4-2　网络嵌入对企业突破性创新绩效作用机制的概念模型

表4-1　网络嵌入对企业突破性创新绩效作用机制的研究假设汇总

研究假设
网络嵌入与突破性创新绩效的关系
假设1a　结构性嵌入对突破性创新绩效有显著的正向影响
假设1b　关系性嵌入对突破性创新绩效有显著的正向影响
假设1c　认知性嵌入对突破性创新绩效有显著的正向影响
网络嵌入与创新合法性获取的关系
假设2a　结构性嵌入对创新合法性获取有显著的正向影响
假设2b　关系性嵌入对创新合法性获取有显著的正向影响
假设2c　认知性嵌入对创新合法性获取有显著的正向影响
网络嵌入与创新资源获取的关系
假设3a　结构性嵌入对创新资源获取有显著的正向影响
假设3b　关系性嵌入对创新资源获取有显著的正向影响
假设3c　认知性嵌入对创新资源获取有显著的正向影响
创新合法性获取与创新资源获取的关系
假设4　创新合法性获取对创新资源获取有显著的正向影响
创新合法性获取、创新资源获取与突破性创新绩效的关系
假设5　创新合法性获取对突破性创新绩效有显著的正向影响
假设6　创新资源获取对突破性创新绩效有显著的正向影响

第五章
实证研究方法论

科学的研究方法是确保研究质量的重要环节。为了对企业网络嵌入与创新绩效的关系和作用机制进行深入有效的分析,除应用探索性案例分析和规范的理论推理外,本书还将运用定量的实证研究方法来验证理论模型。由于属于企业层面的研究,企业网络嵌入特征、创新合法性获取、创新资源获取等的相关数据难以从公开资料中直接获得,本书采用问卷调查方法来收集所需要的数据。本章将从问卷设计、变量测度、数据收集、数据分析方法等方面对所采用的研究方法进行阐述。

第一节　问卷设计

问卷是管理研究领域调查收集数据的最常用工具之一,问卷设计的合理性是保证数据信度和效度的重要前提。根据Churchill(1979)的观点,在变量的测量题项具有一致性的情况下，多题项比单题项更能提高信度。因此本书在问卷中采用多题项对所涉及的解释变量、中介变量和被解释变量进行测度，以提高度量的信度和效度。此外，根据 Churchill(1979)、Dunn，Seaker ＆Waller(1994)、马庆国(2006)等学者的建议和提出的问卷设计原则，本书通过以下流程设计问卷：

(1)通过文献回顾及对企业的经验调查与访谈形成问卷题项。

笔者在对与网络嵌入、组织合法性、企业资源和企业创新绩效等相关的文献进行梳理分析的基础上，吸收了与本书研究相关的内容，借鉴其中经典研究的理论构思及被广泛引用的实证研究已有量表，并结合探索性案例研究的深度调研访谈结果，设计变量测度题项，形成了问卷初稿。

(2)通过与学术界专家讨论对问卷题项进行修改。

在笔者所在学术团队的学术讨论会上，就所涉及的研究变量及之间的逻辑关系，以及对其如何测度等问题，多次与团队专家进行深入交流和探讨，征求了他们对初步问卷的题项设计、题项措辞和问卷格式等方面的意见，并就此对问卷初稿进行修改，形成了调查问卷第二稿。

(3)通过与企业界专家讨论对问卷题项进行修改。

笔者所在团队先深入访谈了5位具有良好管理知识背景的企业高管人员，并就变量之间的逻辑关系是否符合企业实际情况，以及量表中的变量测度能否反映企业相关情况等问题向其征询意见。此后，为使问卷尽量不包含专业术语，易于为一般企业人员所理解，又与3位学术知识相对较弱的企业高管人员就问卷题项的表述进行交流，针对问卷中的措辞进行进一步调整与修改，形成了问卷第三稿。

(4)通过预测试对题项进行纯化，最终定稿问卷。

将问卷发给22位企业中高层管理人员进行预测试，根据初步检验分析的结果对问卷做进一步修改与完善，最终形成问卷定稿(参见本书附录)。

由于本调查问卷题项均采取 Likert 七点量表来表示，问卷应答者的回答主要基于主观评价，问卷测度的客观性和准确性可能会受到影响。为了避免应答者对问卷题项做出非准确性的回答，根据 Fowler(1988)提出的可能造成应答者的回答出现偏差的四个主要原因，本书采取了相应的控制措施，以尽可能获取准确答案：

第一，为防止因应答者不了解所提问题的答案信息而带来的偏误，我们选择了在该企业技术、销售等部门工作了2年以上、较为熟悉企业整体运作情况的中高层管理人员来填写问卷，并请其就不清楚的问题向企业有关人员咨询后作答。

第二，为了避免因应答者不能回忆起所提问题的答案信息而带来的偏误，本问卷题项所涉及的问题均是针对企业现阶段的状况，或者就最近两三年的总体情况做出回答。

第三，为了防止因应答者虽知道某些问题答案却不愿回答而出现问卷填写不全情况，在问卷卷首即向应答者指明本研究内容不涉及企业商业机密，并承诺对应答者提供的信息予以保密，所获信息纯属学术研究，不会用于任何商业用途。

第四，为了减少因应答者不能理解所提问题含义而引起的偏差，笔者在设计本问卷的过程中广泛征求学术界学者和业界专家的意见，并对问卷进行了预测试，对题项的表述进行了反复修改和完善，以尽量排除题项难以理解或表意含糊的情况。

同时，根据Lee et al.(2001)提出避免一致性动机问题的建议，在本问卷设计中未明确题项所度量的变量，对测量题项的顺序安排也未完全按照所研究变量的逻辑关系进行，这可在一定程度上防止应答者在填写问卷时形成自己的逻辑，从而降低问卷结果的可靠性。

第二节　变量测度

本书研究中所涉及的变量包括结构性嵌入、关系性嵌入、认知性嵌入、创新合法性获取、创新资源获取、突破性创新绩效、企业规模、年龄和产业类型等。考虑到上述变量大多难以量化测度，或因所涉及数据对企业商业机密的敏感性而难以真实获取，我们采用Likert七点量表打分法予以度量。数字1至7表示应答者对某个问题的反映程度由完全不同意逐渐过渡到完全同意,其中4表示中立状态。为了使这些指标便于统计操作,本书在文献研究、实地调研和专家意见的基础上,对各变量分别采用多个题项进行测度。

一、被解释变量

本书以突破性创新绩效作为被解释变量。创新绩效这一变量常常见诸管理及经济学相关研究领域。创新绩效一般指对企业创新活动效率和效果的评价。由于创新产出及创新过程的复杂多样性,有关创新绩效的测度体系学术界目前尚未达成共识,大都从不同角度采用不同指标来测度创新绩效。这些指标主要有研发投入(Hagedoorn & Cloodt, 2003)、专利数(Arundel & Kabla, 1998; Ahuja, 2000b; Hagedoorn & Cloodt, 2003; Owen-Smith & Powell, 2004)、新产品的开发数量(Tsai, 2001; Katila & Ahuja, 2002; Hagedoorn & Cloodt, 2003)、新产品产值占销售总额的比重(Brouwer & Kleinknecht, 1999; Leiponen & Helfat, 2010)、创新的成功率(Cooper & Kleinschmidt, 1996; Ritter, 1999)等。目前学术界普遍认为,对于创新绩效的度量采用单一指标往往只能反映企业创新绩效的某一个方面,因而研究者都强调运用多指标测度绩效的重要性,在研究实践中也大都采用多指标描述创新绩效。国内学者大都借鉴国外已有研究,主要从新产品数量、申请专利数、新产品销售额占比、新产品开发速度及成功率等综合指标来衡量企业的创新绩效(张方华, 2006; 韦影, 2007; 许冠南, 周源, 刘雪锋, 2011; 彭新敏, 2011; 徐蕾等, 2013)。

如前所述,突破性创新起源于熊彼特的"创造性破坏"思想,其是相对于渐进性创新而言的。自Dosi(1982)首次提出突破性与渐进性这两类技术创新的理论分析框架以来,学术界对突破性创新的研究可谓方兴未艾。本书综合国内外已有研究,将突破性创新定义为企业在技术、产品、过程或商业模式上实施创新,对现有的产品(服务)进行重大改进,使产品(服务)的主要性能指标发生重大改变,甚至创造出一种全新的产品,有效地改变了市场需求,对当前产业结构和市场竞争状态产生巨大影响的创新类型。在突破性创新绩效的测量方面,张洪石(2005)在国内外已有研究的基础上,提出了可适用于突破性创新的一般性技术创新绩效的5个衡量指标,主要包括创新成果(申请专利、科技奖项、科技论文)、财务绩效(销售额、利润)、市场绩效(国内市场份额、国外市场份额)、竞争壁垒(技术壁垒、市场壁垒)和技术能力等。李宏贵(2011)提出了衡量突破性创新绩效的两个层面,即主动突破性创新绩效(如申请的专利数、开发的新产品数)和适应突破性创新绩效(如引进市场的新产品数、销售增长率与利润增长率)。秦剑(2010,2012)参考 Chandy & Tellis(2000)的研究,对突破性创新绩效从产品创新方面进行测量,包括新产品研发的数量、新产品的市场美誉度和品牌形象、新产品对顾客需求的满足程度及新产品的性能和质量等4个题项。李泓桥(2013)基于 Tushman 等对技术不连续性的研究,从产品结构、业务流程和业务领域三个方面的变化情况对突破性创新绩效进行测量。冯军政、刘洋和金露(2015)基于已有相关研究,各采用4个题项分别对技术和市场方面的突破性创新绩效进行了度量。

在借鉴国内已有研究的基础上,并结合本书研究的特点,我们通过创新产品或服务的成功率、开发速度、开发成本、新市场开拓能力、拥有的市场声誉,以及新产品或服务对企业品牌形象、销售额和利润额的提升度等8个题项测量突破性创新绩效。具体的测度如表5-1所示。

表5-1　变量测度——突破性创新绩效

测度指标	测度题项
突破性创新绩效	本公司能够不断地推出全新的产品或服务
	本公司开发新产品或新服务的周期不断缩短
	本公司开发新产品或新服务的费用在不断降低
	本公司能够不断开拓新的市场
	本公司推出的全新产品或服务拥有较高的市场美誉度
	本公司推出的全新产品或服务提升了公司的品牌形象
	本公司推出的全新产品或服务极大地提高了公司销售额
	本公司推出的全新产品或服务极大地提高了公司利润
测度依据	Ritter(1999);Tsai(2001);Katila & Ahuja(2002);Hagedoorn & Cloodt(2003);Chandy & Tellis(1998);张洪石(2005);李宏贵(2011);秦剑(2010,2012);李泓桥(2013);徐蕾,魏江和石俊娜(2013);冯军政,刘洋和金露(2015)

二、解释变量

本书研究的解释变量包括结构性嵌入、关系性嵌入和认知性嵌入等企业网络嵌入特征。我们采用惯用的"自我中心网络分析法",根据研究目的，调查应答者所认知的网络成员个体特征及成员之间的相互关系等信息，在测度网络嵌入特征各变量时，只要求应答者描述其最主要联系及其相关特征即可（Burt & Ronchi，1994）。

（1）结构性嵌入。

如前文所述，本书研究的网络嵌入是指企业在创新过程中所构建形成的各种外部联系。结构性嵌入是网络的重要特征之一，描述的是企业与其所嵌网络结构的整体模式，反映网络结构对企业行为的影响程度，通常以网络规模、网络密度及网络中心性等指标加以描述。网络规模是衡量企业网络结构特征的重要指标，体现了网络成员间联结数量总和的大小。从对网络规模度量的已有研究来看，虽然学者们从各自不同的研究目的所设计的测量题项有所不同，但基本上都选用网络中企业与其他成员个体间的联系数量作为度量网络规模的依据（Powell，Koput & Smith-Doerr，1996；Batjargal & Liu，2004；Capaldo，2007；邬爱其，2006；陈学光，2008；彭新敏，2011）。网络密度则描述了网络内实际联结数量占最大可能联结数量的比例，其反映了网络内各节点之间关联的紧密程度。鉴于数据的可获得性及调研条件的限制性而难以有效通过数据计算得出测量结果，通常也可采用主观评估的题项来测度网络密度（张世勋，2002；李志刚，汤书昆，梁晓艳等，2007）。网络中心性是衡量企业在网络中重要性的一个重要指标。目前主要有两种测量企业网络中心性的方法：一种是通过采用一些计算方法获取所需数据，并运用软件计算衡量网络中心性的各种指标；另一种方法是通过设计的相关量表题项，采用问卷调查的方式对网络中心性的指标含义进行衡量（Powell，Koput & Smith-Doerr，1996；Batjargal & Liu，2004；黄洁，2006；邬爱其，2006；李志刚，汤书昆，梁晓艳等，2007；张方华，2010；朱朝晖，2012）。

综上所述，本书选取的结构性嵌入分为网络规模、网络密度和网络中心性等三个指标，借鉴了上述学者的相关研究，从企业与客户、供应商、同业企业、其他企业、政府机构、中介机构、高校科研机构、金融机构和投资机构等的联系方面,分别采用9个问项对网络规模、网络密度进行测量,针对网络中心性采用联系的桥梁纽带作用、联系容易度、资源获取便利性、企业声誉和影响力等5个问项进行测量。具体的测度如表5-2所示。

表5-2 变量测度——结构性嵌入

测度指标	测度题项
网络规模	本公司的客户很多
	本公司的供应商很多
	本公司与很多同业企业有联系
	本公司与很多其他企业(除客户、供应商和同业企业以外)有联系
	本公司与很多政府机构、行业协会有联系
	本公司与很多中介机构有联系
	本公司与很多高校、科研机构有联系
	本公司与很多金融机构有联系
	本公司与很多投资机构有联系
网络密度	相比于同行其他企业,与本公司联系的客户更多
	相比于同行其他企业,与本公司联系的供应商更多
	相比于同行其他企业,与本公司联系的同业企业更多
	相比于同行其他企业,与本公司联系的其他企业(除客户、供应商和同业企业外)更多
	相比于同行其他企业,与本公司联系的政府机构、行业协会更多
	相比于同行其他企业,与本公司联系的中介机构更多
	相比于同行其他企业,与本公司联系的高校、科研机构更多
	相比于同行其他企业,与本公司联系的金融机构更多
	相比于同行其他企业,与本公司联系的投资机构更多
网络中心性	企业往来的对象在建立联系时,很多要通过本公司从中牵线
	其他企业很容易与本公司建立联系

续 表

测度指标	测度题项
网络中心性	本公司能获得一些其他企业难以获得的资源
	本公司在行业中的声誉很好
	本公司在当地有很大的影响力
测度依据	Granovetter(1985);Powell,Koput & Smith-Doerr(1996);Batjargal & Liu(2004);Capaldo(2007);邬爱其(2006);陈学光(2008);彭新敏(2011);李志刚,汤书昆和梁晓艳等(2007);黄洁(2006);张方华(2010);朱朝晖(2012)

(2)关系性嵌入。

笔者通过对文献进行梳理后发现,关系性嵌入可视为网络的重要特征之一,学者们从不同的研究角度对其进行了测度。Granoveter(1973)最早从交互频率、亲密程度、情感投入程度、互惠性等四个方面来描述网络关系强度。自Granoveter提出互动频率这一指标后,学者们也常常采用交互频率来表征网络关系间的联结强度(Krackhardt,1992;McEvily & Zaheer,1999;邬爱其,2006;陈学光,2008;彭新敏,2011)。而大部分学者则选用多维度描述网络关系强度,认为采用单一维度很难清晰刻画联结关系的强弱,联结强度在很大程度上是多种因素综合作用的体现。如Marsden & Campbell(1984)使用沟通频率、关系持久度、亲密程度及信任程度等指标对联结强度进行测度,Uzzi(1997)从信息共享、信任和共同解决问题等三个方面对网络联结强度进行测度,桂勇、陆德梅和朱国宏(2004)选取交往的频率、情感紧密程度、互惠服务、熟识程度等指标测度网络联结强度,Capaldo(2007)以合作强度、合作频率和关系持续时间等作为测度联结强度的指标,以及Eisingerich,Bell & Tracey(2010)采用互动频率、关系的持久性、信任和合作强度等指标对网络联结强度进行测量。

综合上述研究成果,本书从企业与外部的联系频率、联系持久性和信任程度等三个指标测度企业网络的关系性嵌入水平,同结构性嵌入测度一样,也是从企业与9个利益相关者间的联系角度,分别采用9个问项进行测量。具体的测度如表5-3所示。

表5-3　变量测度——关系性嵌入

测度指标	测度题项
联系频率	本公司与客户的联系很频繁
	本公司与供应商的联系很频繁
	本公司与同业企业的联系很频繁
	本公司与其他企业(除客户、供应商和同业企业以外)的联系很频繁
	本公司与政府机构、行业协会的联系很频繁
	本公司与中介机构的联系很频繁
	本公司与高校、科研机构的联系很频繁
	本公司与金融机构的联系很频繁
	本公司与投资机构的联系很频繁
联系持久性	本公司的客户大都是老客户
	本公司与供应商大都维持长期合作
	本公司与同业企业的联系很持久
	本公司与其他企业(除客户、供应商和同业企业外)的联系很持久
	本公司与政府机构、行业协会的联系很持久
	本公司与中介机构的联系很持久
	本公司与高校、科研机构的联系很持久
	本公司与金融机构的联系很持久
	本公司与投资机构的联系很持久
信任程度	本公司与客户彼此很信任
	本公司与供应商彼此很信任
	本公司与同业企业彼此很信任
	本公司与其他企业(除客户、供应商和同业企业以外)彼此很信任
	本公司与政府机构、行业协会彼此很信任
	本公司与中介机构彼此很信任
	本公司与高校、科研机构彼此很信任
	本公司与金融机构彼此很信任
	本公司与投资机构彼此很信任
测度依据	Granovetter(1973)；Marsden & Campbell(1984)；Krackhardt(1992)；Uzzi(1997)；McEvily & Zaheer(1999)；Capaldo(2007)；Eisingcrich, Bell & Tracey(2010)；桂勇,陆德梅和朱国宏(2004)；邬爱其(2006)；陈学光(2008)；彭新敏(2011)

(3)认知性嵌入。

如前文分析所述,认知是通过参与者之间的交互作用而形成的一种社会现象。企业网络的认知性嵌入强调企业与其外部网络成员的认知范式,反映了在多大程度上网络成员愿意在共同的愿景和规则之下参与合作。网络组织间较高的认知水平能够减少冲突,增加交流合作,易于信息传递,能够促进知识的获取和技术转移。Nahapiet & Ghoshal(1998)基于关系网络的嵌入维度对社会资本认知属性做出的划分表明,认知性嵌入对组织智力资本的产生和积累具有重要的影响。因而,认知性嵌入也常常被视为网络特征的刻画维度之一(Simsek,Lubatkin & Floyd,2003;Lin,Fang & Fang,2009;郑准,王国顺,2009;朱朝晖,2012)。

认知性嵌入是指提供组织内或组织间共同理解的表达、解释与意义的系统的那些资源,常以共同的语言、共享的价值观和愿景等指标来表示。本书借鉴Nahapiet & Ghoshal(1998)、韦影(2006)、郑准(2009)等的研究,从企业与其他网络成员是否拥有能促进交流沟通的共同语言和是否具有相似的价值观两个方面测度企业网络的认知性嵌入程度,同样地,也将从企业与9个利益相关者间联系的角度,分别采用9个问项进行测量。具体的测度如表5-4所示。

表5-4 变量测度——认知性嵌入

测度指标	测度题项
共同语言	本公司与客户有交流沟通的共同语言
	本公司与供应商有交流沟通的共同语言
	本公司与同业企业有交流沟通的共同语言
	本公司与其他企业(除客户、供应商和同业企业)有交流沟通的共同语言
	本公司与政府机构、行业协会有交流沟通的共同语言
	本公司与中介机构有交流沟通的共同语言
	本公司与高校、科研机构有交流沟通的共同语言
	本公司与金融机构有交流沟通的共同语言
	本公司与投资机构有交流沟通的共同语言

测度指标	测度题项
相似价值观	本公司与客户有相似的价值观
	本公司与供应商有相似的价值观
	本公司与同业企业有相似的价值观
	本公司与其他企业(除客户、供应商和同业企业外)有相似的价值观
	本公司与政府机构、行业协会有相似的价值观
	本公司与中介机构有相似的价值观
	本公司与高校、科研机构有相似的价值观
	本公司与金融机构有相似的价值观
	本公司与投资机构有相似的价值观
测度依据	Nahapiet & Ghoshal(1998);Tsai & Ghoshal(1998);Simsek,Lubatkin & Floyd(2003);Lin,Fang & Fang(2009);韦影(2006);郑准(2009);朱朝晖(2012)

三、中介变量

(1)创新合法性获取。

组织社会学领域的相关研究文献指出,企业合法性说明了企业行为符合社会结构性预期。这意味着在共同社会环境下,企业的价值观与所嵌入社会的情境价值观的一致性(Parsons,1960),企业或者企业某种行为获得了社会认同或认可(Perrow,1961),企业的行为被认为是可取的、恰当的或者合适的(Suchman,1995)。

笔者在文献研究后发现,学者们对合法性这一构念的维度解析存在着两分法、三分法和四分法等多种划分,影响较大的有Suchman(1995)提出的"实用合法性、道德合法性、认知合法性"三分法和Scott(1995)提出的"规制合法性、规范合法性、认知合法性"三分法。相比而言,前者更体现了利益相关者对企业的认知视角,因而本书采用Suchman(1995)的划分方法来考察创新合法性。另外,对于组织合法性的度量,目前国内外还没有形成统一的量表。Brinkerhoff(2005)提出,实用合法性源于组织符合利益相关者需求和预期的程度。Certo & Hodge(2007)以组织被供应商、顾客、竞争者和员工等所接受的程度来测度其合法性。Suchman提出实用合法性分为交换合法性和影响合法性两类。道德合法性可从组织产出、过程、技术、结构和员工行为等方面衡量。认知合法性来源于组织被认为有意义和理所当然的程度。黄中伟和游锡火(2011)参考Suchman等学者的研究,以11个题项指标描述组织的实用合法性、道德合法性和认知合法性。杜运周和刘运莲(2012)在Certo(2007)等设计的组织合法性量表的基础上,考察顾客、供应商、竞争者、员工、投资者、政府及政府官员等利益相关者对于组织的认可度,这里运用7个题项测度组织合法性。

综上所述,本书参考Suchman等学者对合法性的研究,结合本研究对创新合法性的概念界定,从实用合法性获取、道德合法性获取和认知合法性获取等三个维度衡量突破性创新的合法性获取。实用合法性获取通过创新符合利益相关者的预期程度、利益相关者参与程度、利益相关者意见的采纳程度等3个问项进行测量,道德合法性获取由基于社会价值观评判的创新所受欢迎程度、创新过程恰当度、创新技术合适度、组织建构恰当度、员工行为评价等5个问项进行测量,认知合法性获取采用社会公众对创新的可理解程度、可接受程度、认为有意义的程度等3个问项进行测量。具体的测度如表5-5所示。

表5-5　变量测度——创新合法性获取

测度指标	测度题项
实用合法性获取	本公司的新产品或新服务符合各方利益相关者的预期
	本公司会让各方利益相关者参与创新过程
	本公司会采纳各方利益相关者就创新提出的合理意见或建议
道德合法性获取	从社会价值观来看,本公司推出的新产品或新服务很受社会欢迎
	从社会价值观来看,本公司进行产品或服务创新的过程是恰当的
	从社会价值观来看,本公司进行产品或服务创新的技术是合适的
	从社会价值观来看,本公司的创新组织建构是合适的
	从社会价值观来看,本公司领导人的管理风格及员工行为是恰当的

续　表

测度指标	测度题项
认知合法性 获取	社会公众普遍认为,本公司的创新行为是可理解的
	社会公众普遍认为,本公司的创新是理所当然的、可接受的
	社会公众普遍认为,本公司的创新是有意义的
测度依据	Parsons（1960）；Suchman（1995）；Scott（1995）；Brinkerhoff（2005）；Certo & Hodge（2007）；黄中伟,游锡火（2011）；杜运周,刘运莲（2012）

（2）创新资源获取。

企业资源理论指出,资源是指企业在生存和发展过程中投入和利用的企业内外各种有形和无形资源的总和。由于资源本身的稀缺性,加之企业所拥有资源的有限性,使得任何企业都不可能完全拥有所需要的一切资源,企业对创新所需资源的获取成为影响创新的重要因素。

笔者通过文献梳理后发现,学者们从不同角度对企业资源进行了分类,总的来说,通常将资源划分为技术资源、知识资源、资金资源、物质资源、人力资源、市场资源和组织资源等类型。还有如将资源分为物质资源、人力资源、财务资源、技术资源和信誉资源等（Barney,1991）,分为人力资源、物质资源和组织资源等（Haber & Reichel,2005）,还分成以知识为基础的资源和以产权为基础的资源（Miller & Shamsie,1996）。另外,在对资源获取的测度方面,Pfeifer & Salancik（1978）从资源获取数量、获取渠道及获取成本等方面描述企业的资源获取状况。张方华（2006）将资源获取分成信息、知识和资金获取三个组成部分。葛宝山和董保宝（2009）、朱秀梅和李明芳（2011）参考国外学者的研究,将企业资源获取分为运营性资源获取及战略性资源（知识资源）获取,并提出相应题项,对它们进行了测度。罗志恒、葛宝山和董保宝（2009）从资源获取能力和资源获取结果两个维度对资源获取进行测量。彭灿（2009）认为,知识资源是企业突破性创新最为重要的获取资源。秦剑和王迎军（2010）提出了突破性创新所需的营销和技术两类驱动资源,并对这两类资源的获取状况采用相应指标进行刻画。

根据文献研究及笔者实地访谈的结果,本书主要借鉴张方华（2006）及相关研究,对突破性创新所需资源的获取从信息、知识、资金等三个方面设计题项进行测量,其中信息获取包括市场需求信息、技术信息和政府政策信息获取等3个问项,知识获取分为市场开发知识、技术研发知识、创新管理知识获取等3个问项,资金获取由政府资金资助或税收优惠、金融机构资金、投资机构资金获取等3个问项构成。具体的测度如表5-6所示。

表5-6　变量测度——创新资源获取

测度指标	测度题项
信息获取	本公司能从外部获取市场需求信息
	本公司能从外部获取技术信息
	本公司能获取政府的政策信息
知识获取	本公司能获取市场开发方面的知识
	本公司能从外部获取技术研发方面的知识
	本公司能获取外部的创新管理知识
资金获取	本公司能得到政府的资金资助或税收优惠
	本公司能得到金融机构的资金支持
	本公司能得到投资机构的资金支持
测度依据	Barney(1991);Miller & Shamsie(1996);Haber & Reichel(2005);Tseng et al.(2007);张方华(2006);罗志恒,葛宝山和董保宝(2009);彭灿(2009);秦剑,王迎军(2010);朱秀梅,李明芳(2011)

四、控制变量

鉴于企业创新过程的复杂性,其往往受制于多因素的共同作用和影响,除了网络嵌入各维度变量外,可能还有一些外在变量将对突破性创新绩效、创新合法性获取、创新资源获取产生较为显著的影响,如企业年龄、企业规模及所属行业类型等变量。因此,有必要在研究中将它们加以考虑并进行控制。

企业规模会对创新绩效产生一定影响。一般而言,企业规模越大,将拥有越多的可利用资源,创新得以成功并获得更多回报的可能性就越高

（Leiponen & Helfat, 2010）。然而也有研究证实,很多中小型企业的创新表现比大型企业更好（Acs & Audretsch, 1998）。已有研究对企业规模采用总销售额、总资产额、总员工人数等不同指标来测量,本书将企业员工人数作为测度企业规模的指标。另外,鉴于年销售总额也可用以体现企业的规模,对其也进行类别划分用作本书研究的控制变量之一。

企业年龄也会对企业的创新产生一些影响。一般而言,企业运营时间较长,通常所累积的社会资源较多,能力也越强,将有助于推动创新顺利开展。在本书中,企业年龄为自成立起到2014年为止所经历的年数,将按照不同年龄段加以区分而对其进行控制。

行业类型也可能对企业创新产生较大影响,如行业技术、市场组织、市场需求等方面的特征会对企业创新动机和创新实现产生一些影响（Leiponen & Helfat, 2010）,使其表现出不同的创新倾向和绩效。此外,值得强调的是,企业无论是否拥有高技术,所属行业都将会对公司的创新产出一些影响（Thomhill, 2006）。因此,本书也把行业类型作为控制变量,划分类别涉及了机电与装备制造、电子与通信、新材料与新能源、生物医药与医疗、化工与纺织、环保与节能、互联网技术与软件、金融服务、电信服务、商贸服务及其他。

第三节 数据收集

数据的真实有效是开展数理统计分析的前提。为了尽可能获得高质量的样本数据,本书对问卷发放的对象、区域及渠道做了严格控制。在样本对象的选取上,根据研究目的,主要选取那些依托技术持续创新、突破发展的高新技术企业,以及新兴战略性产业领域的创新型企业作为调查对象。在区域选取方面,考虑到研究结论的普适性、调研对象的特殊性及问卷回收的可能性,具体区域范围涉及面较广,包括浙江杭州、温州、宁波、嘉兴等地区,上海闵行区,江苏南京、苏州等地区,陕西西安、宝鸡、渭南等地区。在问卷应答者选取方面,由于本问卷涉及企业各方面的运作信息,鉴于企业中高层管理者能够对本研究所需内容有较为全面的了解,针对调查对象企业中具有两年以上工作经验的中高层管理者进行发放。在渠道选取方面,为了提高数据的可靠性和代表性,问卷发放和回收主要采取以下几种途径进行:

一是利用笔者在所在开发区管委会工作之便,通过对产业园区高新技术企业高管组织举办培训班的机会,在现场对问卷相关概念和设计做了介绍,并当场发放,现场填写,共计发放60份问卷,回收60份问卷,有效问卷58份,有效回收率达96.7%。二是借助笔者所承担的与杭州民营有关企业的发展课题的机会,就本研究课题对杭州市区一些高新技术企业展开实地调研,现场所发45份问卷全部收回,有效问卷42份,有效回收率达93.3%。三是通过委托企业研究机构、教育培训机构等协助进行问卷发放与回收,其中企业研究机构所发105份,有效回收69份,有效回收率达65.7%;教育培训机构所发70份,回收有效问卷41份,有效回收率达58.6%。四是通过熟人、工作同行、同学等社会关系发放45份问卷,有效回收28份,有效回收率为62.2%。

本书实证研究中实际共发放问卷325份,回收276份,其中238份为有效问卷,有效回收率达到73.2%,如表5-7所示。总体来看,本次问卷有效回收率较高,可以基本忽略本次问卷回收的未答复偏差。

表5-7 问卷发放与回收情况

问卷发放与回收途径	发放数量	回收数量	回收率(%)	有效数量	有效回收率(%)
利用培训会现场	60	60	100	58	96.7
调研实地走访	45	45	100	42	93.3
委托企业研究机构	105	83	79.0	69	65.7
委托教育培训机构	70	53	75.7	41	58.6
委托熟人、朋友	45	35	77.8	28	62.2
合计	325	276	84.9	238	73.2

注:回收率=回收的问卷数量/发放的问卷数量×100%;
有效回收率=回收的有效问卷数量/发放的问卷数量×100%。

同时,我们对回收的238份有效问卷进行了描述性统计分析,样本基本特征的分布情况如表5-8所示。样本分布情况主要通过企业年龄、产权属性、规模和所属行业等指标进行描述性统计分析,说明各变量的百分比等,以描述样本的类别、特性及构成情况等。

表5-8　样本基本特征的分布情况统计(N=238)

指标	类别	样本数	百分比(%)	累计百分比(%)
企业年龄	1—2年	7	2.94	2.94
	3—5年	35	14.71	17.65
	6—10年	76	31.93	49.58
	11—15年	59	24.79	74.37
	15年以上	61	25.63	100.00
企业性质	国有	27	11.34	11.34
	民营	165	69.33	80.25
	合资	31	13.03	93.28
	外商独资	15	6.30	100.00
员工人数	50—100人	54	22.69	22.69
	101—500人	110	46.22	68.91
	501—1 000人	27	11.35	80.26
	1 001—2 000人	15	6.30	86.56
	2 001—3 000人	12	5.04	91.60
	3 000人以上	20	8.40	100.00
销售总额	500万元以下	10	4.20	4.20
	500万—1 000万元	9	3.78	7.98
	1 001万—4 000万元	32	13.45	21.43
	4 001万—1亿元	63	26.47	47.90
	1亿以上—4亿元	70	29.41	77.31
	4亿元以上	54	22.69	100.00

续表

指标	类别	样本数	百分比(%)	累计百分比(%)
行业领域	机电与装备制造	76	31.93	31.93
	电子与通信	33	13.87	45.80
	生物医药与医疗	22	9.24	55.04
	新材料与新能源	27	11.35	66.39
	化工与纺织	13	5.46	71.85
	环保与节能	14	5.88	77.73
	互联网技术与软件	30	12.61	90.34
	金融服务	8	3.36	93.70
	电信服务	6	2.52	96.22
	商贸服务	4	1.68	97.90
	其他	5	2.10	100.00

从样本的行业分布来看,所获样本涵盖的行业范围较广,包括制造行业占比78%左右,其中机电与装备制造的31.93%为最多,其他较为集中的制造行业依次是电子与通信13.87%,新材料及新能源11.34%,生物医药与医疗9.24%;服务行业占比22%左右,其中以互联网技术与软件的12.61%的分布最多。从企业产权属性来看,样本企业中民营占比约69%,国企占比约11%,外商独资占比约7%,合资占比约13%。从企业年龄来看,样本企业设立时间为3年以下占比约为3%,3—5年的占比约为15%,6—10年的占比约为32%,10年以上的占比约为50%。在企业员工人数上,50—100人的占比约为23%,101—500人的占比约为46%,501—1 000人的占比约为11%,1 000人以上的约为20%;在企业年销售额方面,4 000万元以下的约占21%,4 000万元—1亿元的约占27%,1亿元—4亿元的约占29%,4亿元以上的约占23%。综上分析,本书实证研究样本具有较高的广泛性和较好的代表性。

第四节　数据分析方法

本书的实证研究以问卷调查方式收集数据,对于回收的问卷数据,将进行描述性统计、信度与效度分析、相关分析、回归分析和结构方程分析等统计分析工作。所使用的统计分析软件为SPSS21.0版和AMOS21.0版。其中,SPSS21.0软件用于描述性统计、信度与效度分析和回归分析等,AMOS 21.0软件则用于验证性因子分析和结构方程建模。具体的分析方法如下:

(1)描述性统计分析。

描述性统计分析主要对样本企业年龄、企业的规模、产权属性、行业类型等基本特征进行统计分析,说明各变量的百分比等,以描述样本的类别、特性及比例分配状况。

(2)信度与效度分析。

由于数据是通过直接调查而获得的结果,需要先对测量结果进行信度与效度分析。

信度用于衡量测量结果的稳定性或一致性(贾怀勤,2006),常用的信度指标有稳定性、等值性和内部一致性(李怀祖,2004)。本书利用Cronbach's α 系数来检验样本数据的内部一致性。对于突破性创新绩效、网络嵌入、创新合法性获取、创新资源获取等变量的测量题项,通过计算Cronbach's α 系数来评价其信度。Cronbach's α 系数介于0—1之间,越接近于1,则表示内在信度越高。若Cronbach's α 系数大于0.9,表示内在信度很高;Cronbach's α 系数介于0.8—0.9之间,则内在信度较高;Cronbach's α 系数介于0.7—0.8之间,则设计量表仍可被接受;Cronbach's α 系数小于0.7,说明量表存在很大问题,应考虑重新设计(Nunnally,1978)。另外,保留在量表中的所有题项的题项—总体相关系数要求大于0.35(李怀祖,2004)。

效度是指测量工具能够正确测量所要衡量问题的性质和程度。通常,效度主要从内容效度和建构效度两方面进行度量。内容效度是指问卷量表是否反映了想要测量的全部内容。本书基于研究问题和研究目标进行问卷量表的设计,以相关理论文献为基础,借鉴已有经典研究文献中的量表设计,并结合现场调研和专家意见,经反复修改加以完善而成,故可视为具有较高的内容效度。建构效度指反映测量的内容能够推测出抽象概念的能力。因子分析经常被用来检测建构效度,其可以很好地检验研究变量是否有一套正确的可操作性的测度(吴明隆,2003)。本书将对网络嵌入、创新合法性获取、创新资源获取和突破性创新绩效等变量做因子分析,以检验本书所涉及的研究变量度量的建构效度。

(3)因子分析。

因子分析是一种降维的相关分析技术,通过研究变量相关系数矩阵的内部结构,找出能控制所有变量的少数几个随机变量来描述各原始变量之间的相关性,并以相关性的大小为依据将变量分组,使同组内变量之间的相关性较高,不同组变量间的相关性较低(刘军,2008)。进行因子分析的目的在于通过寻找公共因子以减少变量个数,通常将其分为探索性因子分析和验证性因子分析。

探索性因子分析是在无先验信息的情况下,完全依据资料数据,以一定原则将具有繁杂关系的变量综合为少数几个核心因子的过程。本书关于网络嵌入特征中的结构性嵌入、关系性嵌入和认知性嵌入三个维度变量,以及创新合法性获取、创新资源获取和突破性创新绩效等变量的量表是在无先验信息的情况下,针对研究问题,基于理论研究和调研访谈对现有研究中的量表加以改进而形成的。因此,为了进一步明晰各测量变量的内在结构,验证量表中各题项的重要性和合理性,需要对其开展探索性因子分析。我们采用主成分分析法和最大方差旋转法,按照特征根大于1的方式提取因子,一般认为各题项因子载荷的最低可接受值为0.5(马庆国,2002)。

验证性因子分析是在充分利用了先验信息的情况下,检验已知的特定结构是否按照预期的方式产生作用,目的在于检验事先定义因子的模型对实际数据的拟合能力(Child,1990)。验证性因子分析和结构方程有着很强的联系,通常,一个完整的结构方程模型由测量模型和结构模型构成,测量模型用于表示可观测变量与潜变量之间的关系,而结构模型用于表示潜变量与潜变量之间的因果关系。事实上,一个单独的测量模型是一个在每对潜变量之间有着协方差的验证性因子分析模型。

(4)相关分析。

我们以 Pearson 相关分析研究企业网络嵌入、创新合法性获取、创新资源获取和突破性创新绩效及相关控制变量的相关系数矩阵,考察各研究变量间是否显著相关。

(5)回归分析。

我们使用回归分析方法验证网络嵌入、创新合法性获取、创新资源获取和突破性创新绩效这四组变量之间的关系,检验前文提出的研究假设。多元线性回归分析用于研究一个被解释变量与多个解释变量之间的线性统计关系(马庆国,2002)。回归分析可以直接观察随着解释变量的增加,每个模型的解释力 R^2 的变化,从而分析不同解释变量对被解释变量的贡献程度,也为分析变量间的复杂关系提供了重要线索。另外,变量间复杂的关系,可为进一步的路径分析提供一个初始模型(Hult,Ketchen & Arrfelt,2007)。

(6)结构方程模型。

结构方程模型是综合运用多元回归分析、路径分析和验证性因子分析等方法而形成的一种统计数据分析工具,可用来解释一个或多个自变量与一个或多个因变量之间的关系(李怀祖,2004)。传统的统计分析方法要求不存在测量误差的可观察变量,因而难以妥善处理研究中存在测量误差的潜变量;而结构方程模型作为一种基于变量的协方差来分析变量之间关系的统计方法,它具有可同时处理多个因变量、容许自变量与因变量含测量误差、容许测量模型有较大弹性、可同时估计因子结构与因子关系及估计整个模型的拟合程度等优点(Bollen & Long,1993)。鉴于本书第四章提出的概念模型中网络嵌入、创新合法性获取、创新资源获取和突破性创新绩效所涉及的变量具有难以直接度量、主观性强、因果关系比较复杂、测度误差较大等特点,非常适合运用结构方程模型分析相关问题。

结构方程模型的应用可分为模型设定、模型拟合、模型评价及模型修正等四个步骤(侯杰泰,温忠麟,成子娟,2004)。结构方程模型分析的核心是模型的拟合性(适配度),即所提出的变量间关联模式是否与实际数据拟合及拟合程度如何。一般来说,在实际操作中,结构方程模型的拟合指标有多种。借鉴侯杰泰、温忠麟和成子娟(2004),易丹辉(2008)等的建议,本书将综合选用绝对拟合指标和相对拟合指标来评价结构方程模型的拟合程度,几个主要指标及其判别标准如下:

第一,拟合评价的绝对指标。

①卡方(χ^2)或调整卡方(χ^2/df,df为自由度)是一种基于拟合函数的绝对指标。通常要求χ^2值不显著(对应P > 0.05);若此条件不满足,可以考察调整卡方χ^2/df的值。若χ^2/df高于5,对χ^2不显著的要求可忽略不计;若χ^2/df 取值介于2—5之间,模型可以被接受;若χ^2/df的值低于2,则拟合较好。

②近似误差均方根(RMSEA)是受样本容量的误差影响较小且较好的绝对拟合指标。一般认为,RMSEA 低于0.05,表明模型拟合很好,越接近于0表明模型拟合越好;RMSEA 介于0.05—0.08,拟合程度可以接受;RMSEA 介于0.08—0.10,拟合程度一般;RMSEA 高于0.10,模型拟合效果不能被接受。

③拟合优度指数(GFI):GFI的取值在0—1之间,越接近于1,表明模型整体拟合越好;一般认为当GFI高于0.90时,模型可被接受。

第二,拟合评价的相对指标。

①标准拟合指数(NFI):NFI取值在0—1之间,一般认为,NFI的取值越接近于1,表明拟合越好;当NFI的值高于0.90时,模型拟合可以被接受。

②非标准化拟合指数(NNFI)或TLI指数:其是一种可以用于比较嵌套模型的相对指标。一般认为,NNFI(TLI)的值高于0.90,模型拟合较好;NNFI(TLI)的值越接近于1,表示模型拟合越好。

③比较拟合指数(CFI)是一种比较理想的相对拟合指标,通常不受样本容量的系统影响。CFI取值在0—1之间,其越接近于1表明模型拟合越好;一般认为当CFI的取值高于0.90时,模型拟合可以被接受。

另外,还需要对结构方程模型的参数进行显著性检验,通过检查变量间的路径系数来判断分析变量间的关系,并检查与路径系数相对应的临界比(Critical Ratio,CR)的数值。若路径的CR绝对值大于1.96的参考值,则说明该路径系数在P≤0.05的水平上具有统计显著性。

第六章
实证研究

本章将运用第五章所阐述的方法对第四章构建的概念模型进行实证检验。首先，通过样本数据对各变量进行信度和效度检验，并根据检验结果对变量的测量量表进行纯化。其次，展开回归分析和结构方程建模，来验证理论分析所提出的假设模型。最后，针对实证检验结果展开进一步的分析和讨论。

第一节　信度和效度检验

从研究方法论角度来看，实证研究的开展应当满足信度和效度的前提要求，这样其结果才具有信服力。根据第五章对研究方法的介绍，效度检验主要采用因子分析方法，考察测量题项的建构效度。信度检验则采用Cronbach's α值，考察测量题项的内部一致性。

一、解释变量

前文已对作为解释变量的网络结构性嵌入、关系性嵌入、认知性嵌入三个维度的测度进行了说明。在此,对其采用因子分析方法进行效度检验,因子分析的前提是样本数据的KMO值大于0.7,且Bartlett球形检验值显著异于0(马庆国,2002)。根据这一分析要求,先对所构建的结构性嵌入的各题项是否适合做因子分析进行判别,结果显示KMO值为0.883大于0.7,且Bartlett球形检验值亦通过了显著性检验,因此适合进一步做因子分析。进而,对结构性网络嵌入变量的23个测量题项进行探索性因子分析。本书采用主成分分析方法,依照特征根大于1、最大因子载荷大于0.5的选择标准提取了三个因子,结果如表6-1所示,累计方差解释为59.155%,大于50%的最低要求,说明保留提取的三个因子其建构效度良好(吴明隆,2003)。观察因子载荷分布,发现三个因子的构念与原先编制的构念及题项相符,三个因子分别是:因子一对应于网络规模,因子二对应于网络密度,因子三对应于网络中心性。同样地,对关系性嵌入和认知性嵌入也分别进行因子分析,其中对关系性嵌入所提取的三个因子即联系频率、联系持久性及信任程度;对认知性嵌入所提取的两个因子即共同语言、相似价值观。其相应结果如表6-2、表6-3所示,可见效度检验结果均符合要求。

表6-1 结构性嵌入效度检验结果

变量名称	测量题项	因子载荷		
		网络规模	网络密度	网络中心性
网络规模	本公司的客户很多	0.681		
	本公司的供应商很多	0.722		
	本公司与很多同业企业有联系	0.613		
	本公司与很多其他企业(除客户、供应商和同业企业以外)有联系	0.602		
	本公司与很多政府机构、行业协会有联系	0.657		
	本公司与很多中介机构有联系	0.538		

续　表

变量 名称	测量题项	因子载荷		
		网络 规模	网络 密度	网络 中心性
网络 规模	本公司与很多高校、科研机构有联系	0.626		
	本公司与很多金融机构有联系	0.736		
	本公司与很多投资机构有联系	0.753		
网络 密度	相比于同行其他企业，与本公司联系的客户更多		0.663	
	相比于同行其他企业，与本公司联系的供应商更多		0.583	
	相比于同行其他企业，与本公司联系的同业企业更多		0.582	
	相比于同行其他企业，与本公司联系的其他企业（除客户、供应商和同业企业外）更多		0.661	
	相比于同行其他企业，与本公司联系的政府机构、行业协会更多		0.578	
	相比于同行其他企业，与本公司联系的中介机构更多		0.776	
	相比于同行其他企业，与本公司联系的高校、科研机构更多		0.784	
	相比于同行其他企业，与本公司联系的金融机构更多		0.760	
	相比于同行其他企业，与本公司联系的投资机构更多		0.735	
网络中 心性	企业往来的对象在建立联系时，很多要通过本公司从中牵线			0.585
	其他企业很容易与本公司建立联系			0.665
	本公司能获得一些其他企业难以获得的资源			0.586
	本公司在行业中的声誉很好			0.710
	本公司在当地有很大的影响力			0.700

注：因子分析累计方差解释率为59.155%，KMO值为0.883，Bartlett球形检验值及显著性为3 700.79**（**表示显著性水平P<0.01）。

表6-2 关系性嵌入效度检验结果

变量名称	测量题项	因子载荷		
		联系频率	联系持久性	信任程度
联系频率	本公司与客户的联系很频繁	0.701		
	本公司与供应商的联系很频繁	0.675		
	本公司与同业企业的联系很频繁	0.645		
	本公司与其他企业(除客户、供应商和同业企业外)的联系很频繁	0.616		
	本公司与政府部门、行业协会的联系很频繁	0.646		
	本公司与中介机构的联系很频繁	0.773		
	本公司与高校、科研机构的联系很频繁	0.713		
	本公司与金融机构的联系很频繁	0.805		
	本公司与投资机构的联系很频繁	0.843		
联系持久性	本公司的客户大都是老客户		0.654	
	本公司与供应商大都维持长期合作		0.802	
	本公司与同业企业的联系很持久		0.682	
	本公司与其他企业(除客户、供应商和同业企业外)的联系很持久		0.659	
	本公司与政府部门、行业协会的联系很持久		0.683	
	本公司与中介机构的联系很持久		0.743	
	本公司与高校、科研机构的联系很持久		0.708	
	本公司与金融机构的联系很持久		0.697	
	本公司与投资机构的联系很持久		0.625	
信任程度	本公司与客户彼此很信任			0.677
	本公司与供应商彼此很信任			0.610
	本公司与同业企业彼此很信任			0.680
	本公司与其他企业(除客户、供应商和同业企业外)彼此很信任			0.647

续　表

变量 名称	测量题项	因子载荷		
		联系 频率	联系 持久性	信任 程度
信任 程度	本公司与政府部门、行业协会彼此很信任			0.670
	本公司与中介机构彼此很信任			0.640
	本公司与高校、科研机构彼此很信任			0.799
	本公司与金融机构彼此很信任			0.648
	本公司与投资机构彼此很信任			0.787

注：因子分析累计方差解释率为55.936%，KMO值为0.853，Bartlett球形检验值及显著性为
4 892.98**（**表示显著性水平P<0.01）。

表6-3　认知性嵌入效度检验结果

变量 名称	测量题项	因子载荷	
		共同 语言	相似价 值观
共同 语言	本公司与客户之间有交流沟通的共同语言	0.809	
	本公司与供应商之间有交流沟通的共同语言	0.832	
	本公司与同业企业有交流沟通的共同语言	0.786	
	本公司与其他企业(除客户、供应商和同业企业外)有交 流沟通的共同语言	0.609	
	本公司与政府部门、行业协会有交流沟通的共同语言	0.564	
	本公司与中介机构有交流沟通的共同语言	0.685	
	本公司与高校、科研机构有交流沟通的共同语言	0.612	
	本公司与金融机构有交流沟通的共同语言	0.767	
	本公司与投资机构有交流沟通的共同语言	0.708	
相似 价值观	本公司与客户有相似的价值观		0.627
	本公司与供应商有相似的价值观		0.666
	本公司与同业企业有相似的价值观		0.644

续　表

变量名称	测量题项	因子载荷	
		共同语言	相似价值观
相似价值观	本公司与其他企业(除客户、供应商和同业企业外)有相似的价值观		0.712
	本公司与政府部门、行业协会有相似的价值观		0.675
	本公司与中介机构有相似的价值观		0.691
	本公司与高校、科研机构有相似的价值观		0.538
	本公司与金融机构有相似的价值观		0.768
	本公司与投资机构有相似的价值观		0.802

注：因子分析累计方差解释率为55.101%，KMO值为0.802，Bartlett球形检验值及显著性为3 189.704**(**表示显著性水平P<0.01)。

随后，本章对结构性、关系性和认知性嵌入各因子构念做了信度分析，旨在对测量变量的各题项间的内部一致性进行检验，结果如表6-4、表6-5和表6-6所示。各表中所有题项—总体相关系数均大于0.35，并且各变量的Cronbach's α系数均大于0.7，而且在各层面构念中题项删除后的α系数均没有高于层面的α系数，这说明各变量的题项之间的内部一致性较好。

表6-4　结构性嵌入信度检验结果

变量名称	测量题项	题项—总体相关系数	删除该题项后的Cronbach's α值	Cronbach's α值
网络规模	本公司的客户很多	0.564	0.842	0.855
	本公司的供应商很多	0.618	0.836	
	本公司与很多同业企业有联系	0.595	0.838	
	本公司与很多其他企业(除客户、供应商和同业企业以外)有联系	0.522	0.846	
	本公司与很多政府机构、行业协会有联系	0.616	0.837	
	本公司与很多中介机构有联系	0.523	0.845	

续　表

变量 名称	测量题项	题项—总体 相关 系数	删除该题 项后的 Cronbach's α值	Cronbach's α值
网络 规模	本公司与很多高校、科研机构有联系	0.528	0.846	0.855
	本公司与很多金融机构有联系	0.665	0.831	
	本公司与很多投资机构有联系	0.592	0.839	
网络 密度	相比于同行其他企业，与本公司联系 的客户更多	0.553	0.905	0.907
	相比于同行其他企业，与本公司联系 的供应商更多	0.700	0.895	
	相比于同行其他企业，与本公司联系 的同业企业更多	0.750	0.891	
	相比于同行其他企业，与本公司联系的 其他企业(除客户、供应商和同业企业 外)更多	0.682	0.896	
	相比于同行其他企业，与本公司联系 的政府机构、行业协会更多	0.637	0.899	
	相比于同行其他企业，与本公司联系 的中介机构更多	0.712	0.894	
	相比于同行其他企业，与本公司联系 的高校、科研机构更多	0.642	0.899	
	相比于同行其他企业，与本公司联系 的金融机构更多	0.746	0.892	
	相比于同行其他企业，与本公司联系 的投资机构更多	0.719	0.893	
网络 中心性	企业往来的对象在建立联系时，很多 要通过本公司从中牵线	0.622	0.836	0.854
	其他企业很容易与本公司建立联系	0.703	0.814	
	本公司能获得一些其他企业难以获得的 资源	0.684	0.820	
	本公司在行业中的声誉很好	0.636	0.833	
	本公司在当地有很大的影响力	0.704	0.814	

表6-5　关系性嵌入信度检验结果

变量名称	测量题项	题项—总体相关系数	删除该题项后的Cronbach's α值	Cronbach's α值
联系频率	本公司与客户的联系很频繁	0.595	0.842	0.843
	本公司与供应商的联系很频繁	0.480	0.834	
	本公司与同业企业的联系很频繁	0.630	0.819	
	本公司与其他企业(除客户、供应商和同业企业外)的联系很频繁	0.562	0.826	
	本公司与政府部门、行业协会的联系很频繁	0.560	0.826	
	本公司与中介机构的联系很频繁	0.495	0.834	
	本公司与高校、科研机构的联系很频繁	0.589	0.824	
	本公司与金融机构的联系很频繁	0.643	0.817	
	本公司与投资机构的联系很频繁	0.658	0.815	
联系持久性	本公司的客户大都是老客户	0.507	0.818	0.824
	本公司与供应商大都维持长期合作	0.581	0.813	
	本公司与同业企业的联系很持久	0.570	0.801	
	本公司与其他企业(除客户、供应商和同业企业外)的联系很持久	0.509	0.808	
	本公司与政府部门、行业协会的联系很持久	0.528	0.806	
	本公司与中介机构的联系很持久	0.465	0.814	
	本公司与高校、科研机构的联系很持久	0.530	0.806	
	本公司与金融机构的联系很持久	0.612	0.795	
	本公司与投资机构的联系很持久	0.646	0.790	
信任程度	本公司与客户彼此很信任	0.545	0.863	0.865
	本公司与供应商彼此很信任	0.552	0.856	
	本公司与同业企业彼此很信任	0.638	0.847	

续　表

变量名称	测量题项	题项—总体相关系数	删除该题项后的 Cronbach's α 值	Cronbach's α 值
信任程度	本公司与其他企业（除客户、供应商和同业企业外）彼此很信任	0.645	0.846	
	本公司与政府部门、行业协会彼此很信任	0.631	0.848	
	本公司与中介机构彼此很信任	0.598	0.851	
	本公司与高校、科研机构彼此很信任	0.676	0.842	
	本公司与金融机构彼此很信任	0.613	0.849	
	本公司与投资机构彼此很信任	0.609	0.851	

表6-6　认知性嵌入信度检验结果

变量名称	测量题项	题项—总体相关系数	删除该题项后的 Cronbach's α 值	Cronbach's α 值
共同语言	本公司与客户之间有交流沟通的共同语言	0.505	0.832	
	本公司与供应商之间有交流沟通的共同语言	0.516	0.831	
	本公司与同业企业有交流沟通的共同语言	0.603	0.822	
	本公司与其他企业（除客户、供应商和同业企业外）有交流沟通的共同语言	0.564	0.835	
	本公司与政府部门、行业协会有交流沟通的共同语言	0.617	0.820	0.842
	本公司与中介机构有交流沟通的共同语言	0.527	0.830	
	本公司与高校、科研机构有交流沟通的共同语言	0.607	0.820	
	本公司与金融机构有交流沟通的共同语言	0.624	0.818	
	本公司与投资机构有交流沟通的共同语言	0.614	0.820	

续 表

变量名称	测量题项	题项—总体相关系数	删除该题项后的Cronbach's α值	Cronbach's α值
相似价值观	本公司与客户有相似的价值观	0.542	0.846	0.855
	本公司与供应商有相似的价值观	0.578	0.843	
	本公司与同业企业有相似的价值观	0.638	0.836	
	本公司与其他企业(除客户、供应商和同业企业外)有相似的价值观	0.542	0.844	
	本公司与政府部门、行业协会有相似的价值观	0.627	0.836	
	本公司与中介机构有相似的价值观	0.503	0.850	
	本公司与高校、科研机构有相似的价值观	0.605	0.838	
	本公司与金融机构有相似的价值观	0.635	0.834	
	本公司与投资机构有相似的价值观	0.647	0.834	

基于上述讨论,本书研究所构建的结构性、关系性和认知性嵌入量表具有较好的效度和信度。

二、被解释变量

本章对所构建的突破性创新绩效各题项是否适合做因子分析进行了判别,结果显示KMO值为0.88大于0.7,且Bartlett球形检验检验值也通过了显著性检验,因而可以进一步做因子分析。由此,我们运用主成分分析方法,对所提取因子的选择标准也定为基于特征根大于1且最大因子载荷大于0.5,结果如表6-7所示,各题项按预期归为一个因子,其累计方差解释率为67.62%,满足大于50%的最低要求,且因子载荷值大部分均远大于0.5。因而,突破性创新绩效的效度较好。

表6-7　突破性创新绩效效度检验结果

变量名称	测量题项	因子载荷
突破性创新绩效	本公司能够不断地推出全新的产品或服务	0.783
	本公司开发全新产品或服务的周期不断缩短	0.782
	本公司开发全新产品或服务的费用在不断降低	0.669
	本公司能够不断开拓新的市场	0.838
	本公司推出的全新产品或服务拥有较高的市场美誉度	0.892
	本公司推出的全新产品或服务提升了公司的品牌形象	0.895
	本公司推出的全新产品或服务极大地提高了公司销售额	0.884
	本公司推出的全新产品或服务极大地提高了公司利润	0.811

注：因子分析累计方差解释率为67.62%，KMO值为0.88，Bartlett球形检验值及显著性为1 620.685**（**表示显著性水平P<0.01）。

接着，对突破性创新绩效做了信度分析，旨在对测量变量的各题项间的内部一致性进行检验，结果如表6-8所示。所有题项—总体相关系数均远大于0.35，并且变量的层面构念Cronbach's α系数为0.928大于0.7，而且题项删除后的α系数均没有高于层面构念的α系数，说明变量题项之间的内部一致性较好。

表6-8　突破性创新绩效信度检验结果

变量名称	测量题项	题项—总体相关系数	删除该题项后的Cronbach's α值
突破性创新绩效	本公司能够不断地推出全新的产品或服务	0.721	0.921
	本公司开发全新产品或服务的周期不断缩短	0.727	0.921
	本公司开发全新产品或服务的费用在不断降低	0.6	0.924
	本公司能够不断开拓新的市场	0.777	0.917
	本公司推出的全新产品或服务拥有较高的市场美誉度	0.837	0.912
	本公司推出的全新产品或服务提升了公司的品牌形象	0.839	0.913

变量名称	测量题项	题项—总体相关系数	删除该题项后的Cronbach's α 值
突破性创新绩效	本公司推出的全新产品或服务极大地提高了公司销售额	0.828	0.913
	本公司推出的全新产品或服务极大地提高了公司利润	0.736	0.92

综上可见,突破性创新绩效具有较好的效度和信度。

三、中介变量

本部分对创新合法性获取这一变量的各题项是否适合做因子分析进行了检验,结果显示KMO值为0.859大于0.7,且Bartlett球形检验值也通过了显著性检验,因此适合进一步做因子分析。进而,我们运用主成分分析方法,所提取因子的选择标准为特征根大于1且最大因子载荷大于0.5,对创新合法性变量的11个测量题项做探索性因子分析。结果如表6-9所示,累计方差解释率为78.055%,满足大于50%的最低要求,因而所提取的因子具有良好的建构效度。从因子载荷的分布来看,三个因子构念与预设的构念及题项相符,分别是:因子一对应于实用合法性获取,因子二对应于道德合法性获取,因子三对应于认知合法性获取。

同理,也对所构建的创新资源获取各题项进行因子分析判别,并对其进行了探索性因子分析,提取出了建构效度良好的三个因子,分别对应于信息获取、知识获取和资金获取,结果如表6-10所示。

表6-9　创新合法性获取效度检验结果

变量名称	测量题项	因子载荷		
		实用合法性获取	道德合法性获取	认知合法性获取
实用合法性获取	本公司的新产品或新服务符合利益相关者的预期	0.676		
	本公司会让各方利益相关者参与创新过程	0.877		

续　表

变量 名称	测量题项	因子载荷		
		实用合 法性 获取	道德合 法性 获取	认知合 法性 获取
实用合法 性获取	本公司会采纳各方利益相关者所提出的合理 意见或建议	0.867		
道德合法 性获取	从社会价值观来看,本公司推出的新产品或新 服务很受社会欢迎		0.769	
	从社会价值观来看,本公司进行产品或服务创 新的过程是恰当的		0.763	
	从社会价值观来看,本公司进行产品或服务创 新的技术是合适的		0.732	
	从社会价值观来看,本公司的创新组织建构是 恰当的		0.622	
	从社会价值观来看,本公司领导人的管理风格 和员工行为是恰当的		0.528	
认知合法 性获取	社会公众普遍认为,本公司的创新行为是可理 解的			0.862
	社会公众普遍认为,本公司的创新是理所当然 的、可接受的			0.792
	社会公众普遍认为,本公司的创新是有意义的			0.838

注:因子分析累计方差解释率为78.055%,KMO值为0.859,Bartlett球形检验值及显著性为
2 300.93**(**表示显著性水平P<0.01)。

表6-10　创新资源获取效度检验结果

变量 名称	测量题项	因子载荷		
		信息 资源	知识 资源	资金 资源
信息 获取	本公司能从外部获取市场需求信息	0.665		
	本公司能从外部获取技术信息	0.651		
	本公司能获取政府的政策信息	0.789		
知识 获取	本公司能获取市场开发方面的知识		0.826	
	本公司能从外部获取技术研发方面的知识		0.779	

续　表

变量名称	测量题项	因子载荷		
		信息资源	知识资源	资金资源
知识获取	本公司能获取外部的创新管理知识		0.583	
资金获取	本公司能得到政府的资金资助或税收优惠			0.655
	本公司能得到金融机构的支持			0.877
	本公司能得到风险投资机构的支持			0.909

注:因子分析累计方差解释率为80.023%,KMO值为0.863,Bartlett球形检验值及显著性为 1 459.14**(**表示显著性水平P<0.01)。

接下来,对创新合法性获取、创新资源获取各因子构面开展信度分析,旨在对测量变量的各题项间的内部一致性进行检验,结果如表6-11、表6-12所示。可见,各表中所有题项—总体相关系数均大于0.35,各变量的Cronbach's α系数均大于0.7,并且在各层面构念中题项删除后的Cronbach's α系数均低于总层面的Cronbach's α系数,表明各变量的题项之间具有较好的内部一致性。

表6-11　创新合法性获取信度检验结果

变量名称	测量题项	题项—总体相关系数	删除该题项后的Cronbach's α值	Cronbach's α值
实用合法性获取	本公司的新产品或新服务符合利益相关者的预期	0.508	0.805	0.811
	本公司会让各方利益相关者参与创新过程	0.749	0.645	
	本公司会采纳各方利益相关者所提出的合理意见或建议	0.746	0.651	
道德合法性获取	从社会价值观来看,本公司推出的新产品或新服务很受社会欢迎	0.747	0.900	0.913
	从社会价值观来看,本公司进行产品或服务创新的过程是恰当的	0.864	0.876	
	从社会价值观来看,本公司进行产品或服务创新的技术是合适的	0.818	0.886	

续　表

变量名称	测量题项	题项—总体相关系数	删除该题项后的Cronbach's α值	Cronbach's α值
道德合法性获取	从社会价值观来看,本公司的创新组织建构是恰当的	0.771	0.895	0.913
	从社会价值观来看,本公司领导人的管理风格和员工行为是恰当的	0.699	0.910	
认知合法性获取	社会公众普遍认为,本公司的创新行为是可理解的	0.887	0.820	0.912
	社会公众普遍认为,本公司的创新是理所当然的、可接受的	0.732	0.901	
	社会公众普遍认为,本公司的创新是有意义的	0.858	0.845	

表6-12　创新资源获取信度检验结果

变量名称	测量题项	题项—总体相关系数	删除该题项后的Cronbach's α值	Cronbach's α值
信息获取	本公司能从外部获取市场需求信息	0.712	0.712	0.817
	本公司能从外部获取技术信息	0.701	0.716	
	本公司能获取政府的政策信息	0.609	0.812	
知识获取	本公司能获取市场开发方面的知识	0.826	0.704	0.855
	本公司能从外部获取技术研发方面的知识	0.766	0.761	
	本公司能获取外部的创新管理知识	0.606	0.804	
资金获取	本公司能得到政府的资金资助或税收优惠	0.547	0.817	0.819
	本公司能得到金融机构的支持	0.767	0.653	
	本公司能得到风险投资机构的支持	0.729	0.695	

综上所述,本书所构建的创新合法性获取、创新资源获取量表具有较好的效度和信度。

第二节　回归分析

我们采用了回归分析方法来检验第四章表4-1中的6组假设,这样不仅能针对每一组假设检验解释变量的系数,而且能分步检验每一组自变量进入模型之后R^2的变化,从而判断引入新的变量后模型是否得到改善。另外,如引入新的变量后,使得原先的解释变量的系数和显著性也发生变化,从而为对不同变量的解释变量进行分析提供了线索。

一、相关分析

所研究的变量之间存在一定程度的相关是回归分析的前提。因此,这里列出了解释变量、中介变量、被解释变量和控制变量的描述性统计与上述变量两两之间简单的相关系数,结果如表6-13所示。从表6-13中可以看出,解释变量(结构性嵌入、关系性嵌入、认知性嵌入)与中介变量(创新合法性获取和创新资源获取)及被解释变量(突破性创新绩效)均有显著的相关关系,中介变量(创新合法性获取和创新资源获取)与被解释变量(突破性创新绩效)亦存在显著的相关关系,这为本书的假设预期提供了初步证据,下文还将对这些变量之间的关系采用回归分析方法进行进一步验证。

表6-13　描述性统计分析及各变量间相关关系

	均值	方差	1	2	3	4	5	6	7	8	9	10
控制变量												
1企业年龄	3.55	1.12	1.00									
2员工人数	2.16	0.79	0.489**	1.00								
3年销售总额	2.5	1.75	0.493**	0.642**	1.00							

续 表

	均值	方差	1	2	3	4	5	6	7	8	9	10
4行业类型	4.41	1.41	0.07	0.185**	0.08	1.00						
解释变量												
5结构性嵌入	5.61	0.79	0.149*	0.460**	0.482**	0.080	1.00					
6关系性嵌入	5.33	0.76	0.062	0.267**	0.343**	0.091	0.764**	1.00				
7认知性嵌入	5.42	0.74	−0.015	0.192**	0.247**	0.044	0.632**	0.839**	1.00			
中介变量												
8创新合法性获取	5.82	0.73	0.025	0.203**	0.215**	0.028	0.619**	0.551**	0.528**	1.00		
9创新资源获取	5.76	0.78	0.063	0.318**	0.269**	0.090	0.628**	0.687**	0.658**	0.603**	1.00	
被解释变量												
10突破性创新绩效	5.68	0.78	−0.005	0.213**	0.328**	−0.074	0.679**	0.543**	0.477**	0.692**	0.577**	1.00

注：**表示显著性水平 $P < 0.01$（双尾检验），*表示显著性水平 $P < 0.05$（双尾检验）。

二、回归三大问题检验

为了保证回归分析的研究结论的科学有效性，先需要对回归模型是否存在多重共线性、异方差和序列相关等三大问题进行检验（马庆国，2002）。

（1）多重共线性问题检验。

多重共线性指解释变量（包括控制变量）之间存在严重的线性相关，即多个变量有共同的变化趋势，通常可用方差膨胀因子（Variance Inflation Factor, VIF）指数来判断。一般来说，当 $0 < VIF < 10$，不存在多重共线性问

题;当10≤VIF<100,存在较强的多重共线性问题;当VIF≥100,存在严重多重共线性问题。经检验,本书研究的各回归模型的VIF指数均大于0且小于5,因此,可以判定本书实证研究的解释变量之间不存在多重共线性问题。

(2)异方差问题检验。

异方差问题是指随着解释变量的变化,被解释变量的方差存在明显的变化趋势(不具有常数方差的特征),通常可用散点图进行判断。以标准化预测值为横轴,以标准化残差为纵轴,进行残差项的散点图分析,若散点分布呈现无序状态,则可认为不存在异方差问题。经检验,本书实证研究的各模型的散点图大体均呈无序状。因此,可以判定各模型均不存在异方差问题。

(3)序列相关问题检验。

序列相关是指不同期的样本值存在相关关系,通常可用Durbin-Watson值(DW值)来判断。由于本书中使用的是通过问卷得到的截面数据,理论上就不存在序列相关问题。而且本书实证研究的各回归模型的DW值均非常接近于2。因此,可以判定各模型中不存在序列相关问题。

三、回归相关分析

(1)突破性创新绩效的影响因素分析。

根据问题性质,本书选用回归分析来验证企业网络嵌入与突破性创新绩效之间的关系。表6-14给出了突破性创新绩效的回归分析结果,共分析了4个模型,模型的被解释变量均为突破性创新绩效。模型1的解释变量仅仅包括控制变量,以验证企业年龄、员工人数、总销售总额、行业类型对企业突破性创新绩效的影响。模型2在控制变量的基础上增加了网络嵌入的结构性嵌入、关系性嵌入和认知性嵌入三个维度要素,以验证网络嵌入对企业突破性创新绩效正向影响关系的假设。模型3、模型4在模型2的基础上分别加进了创新合法性获取和创新资源获取,这两个模型是为了验证创新合法性获取和创新资源获取在企业网络嵌入与企业突破性创新绩效关系中的中介作用。

表6-14 突破性创新绩效的影响因素回归结果

	模型1	模型2	模型3	模型4
（常量）	5.117***	1.445***	0.227	0.139
控制变量				
企业年龄	0.145**	0.047	0.050	0.049
员工人数	0.045	−0.063*	−0.055	−0.068*
年销售总额	0.207***	0.056***	0.074*	0.082**
行业类型	−0.026	−0.025*	−0.024*	−0.024*
解释变量				
结构性嵌入		0.674***	0.439***	0.428***
关系性嵌入		0.019**	0.013**	0.008*
认知性嵌入		0.077*	0.038*	0.024*
中介变量				
创新合法性获取			0.525***	0.467***
创新资源获取				0.177**
模型统计量				
R^2	0.163	0.520	0.630	0.643
调整后R^2	0.145	0.503	0.615	0.627
F值	9.019***	30.961***	43.146***	40.863***

注：被解释变量为突破性创新绩效；表中回归系数为未标准化的回归系数；N=238；*表示显著性水平$P<0.05$；**表示显著性水平$P<0.01$；***表示显著性水平$P<0.001$。

从表6-14中可以看出，4个控制变量解释了突破性创新绩效总体方差的16.3%，说明所考虑的控制变量确实对突破性创新绩效有较显著的影响作用。其中，企业年龄在$P<0.01$的水平上显著，年销售总额在$P<0.001$的水平上显著，这与创新领域的一些研究文献相一致。因而，在对这些变量的作用进行控制后，才能更加准确地解释本书所研究变量之间的关系。

假设1a至假设1c论述的是网络嵌入与企业突破性创新绩效的正相关关

系。从表6-14中可以看出,模型2的R^2值较模型1有了显著性提高,这说明网络嵌入对企业的突破性创新绩效有重要的解释作用。其中,结构性嵌入的回归系数为正且在$P<0.001$的水平上显著异于0,说明了企业通过结构性嵌入开展突破性创新将对企业的创新绩效有显著的正向影响,因而假设1a通过验证;关系性嵌入的回归系数为正且在$P<0.01$的水平上显著异于0,意味着企业通过关系性嵌入开展突破性创新将对企业的创新绩效有显著的正向影响,因而假设1b通过验证;认知性嵌入的回归系数为正且在$P<0.05$的水平上显著,标示着认知性嵌入对突破性创新有较为显著的正向影响,因而假设1c通过验证。

假设5至假设6论述的是中介变量对企业突破性创新绩效的正向影响关系。模型3的R^2值较模型2有了显著性提高,这说明企业的创新合法性获取对企业的突破性创新绩效有重要的解释作用。创新合法性获取的回归系数为正且在$P<0.001$的水平上显著异于0,表明了企业的创新合法性获取对突破性创新绩效有显著的正向影响,因而假设5通过验证。模型4的R^2值较模型3有了显著性提高,这说明企业的创新资源获取对企业的突破性创新绩效有重要的解释作用。创新资源获取的回归系数为正且在$P<0.01$的水平上显著异于0,这意味着创新资源获取对企业的突破性创新绩效有显著的正向影响,因而假设6通过验证。

此外,在新的变量加入之后,一些原有变量的显著性发生了变化。当将创新合法性获取纳入模型之后,网络嵌入的三个构成维度要素的回归系数都有所降低,如结构性嵌入从0.674降至0.439,关系性嵌入从0.019降至0.013,认知性嵌入由0.077降至0.038,这进而验证了网络嵌入通过作用于创新合法性获取而间接作用于企业突破性创新绩效。再将创新资源获取纳入模型,模型的解释力有明显改善,各要素的回归系数有所变化,特别是创新合法性获取的回归系数从0.525降至0.467,说明创新合法性获取不是起中介作用的唯一变量,网络嵌入对企业突破性创新绩效的作用部分的是通过创新资源获取中介传递的。

（2）创新合法性获取与创新资源获取的影响因素分析。

第一，创新合法性获取的影响因素分析。

表6-15给出了创新合法性获取的回归分析的结果，共估计了2个模型。模型1的解释变量仅仅包括控制变量，以验证企业年龄、员工人数、年销售总额、行业类型对创新合法性获取的影响。模型2在控制变量的基础上增加了网络嵌入的结构性嵌入、关系性嵌入和认知性嵌入三个维度要素，以验证网络嵌入对创新合法性获取的正向影响假设。

表6-15　创新合法性获取的影响因素回归结果

	模型1	模型2
（常量）	5.646***	2.321***
控制变量		
企业年龄	0.080*	0.005
员工人数	0.063	−0.017
年销售总额	0.087*	−0.035
行业类型	−0.002	−0.002
解释变量		
结构性嵌入		0.446***
关系性嵌入		0.012*
认知性嵌入		0.220*
模型统计量		
R^2	0.070	0.422
调整后R^2	0.050	0.402
F值	3.480**	20.908***

注：被解释变量为创新合法性获取，表中回归系数为未标准化的回归系数，$N=238$，*表示显著性水平$P<0.05$，**表示显著性水平$P<0.01$，***表示显著性水平$P<0.001$。

从表6-15可以看出，4个控制变量解释了创新合法性获取总体方差的7%，说明所考虑的控制变量确实对企业的创新绩效有影响。其中，企业年龄和年销售总额都在P<0.05的水平上显著。因而需要对这些变量的作用加以控制后,才能更加准确地解释本书所研究变量之间的关系。

假设2a至假设2c论述的是网络嵌入对创新合法性获取的正向影响。模型2的R^2值较模型1有了显著性提高,这说明网络嵌入对企业创新合法性获取有重要的解释作用。其中,结构性嵌入的回归系数为正且在P<0.001的水平上显著异于0,这意味着企业通过结构性嵌入将对企业突破性创新的合法性获取有显著的正向影响,因而假设2a通过验证;关系性嵌入的回归系数为正且在P<0.05的水平上显著异于0,这意味着企业通过关系性嵌入将对企业突破性创新的合法性获取有显著的正向影响,因而假设2b通过验证;认知性嵌入的回归系数为正且在P<0.05的水平上显著异于0,这意味着企业通过认知性嵌入将对企业突破性创新的合法性获取有显著的正向影响,因而假设2c通过验证。

第二,创新资源获取的影响因素分析。

表6-16给出了创新资源获取的回归分析结果,共估计了3个模型。模型1的解释变量仅仅包括控制变量,以及验证企业年龄、员工人数、年销售总额、行业类型对创新资源获取的影响。模型2在控制变量的基础上增加了网络嵌入的结构性嵌入、关系性嵌入和认知性嵌入三个维度要素,以验证网络嵌入对创新资源获取的正向影响假设。模型3将创新合法性获取纳入了创新资源获取的回归方程中,以验证创新合法性获取在网络嵌入与创新资源获取中的中介作用。

表6-16 创新资源获取的影响因素回归结果

	模型1	模型2	模型3
(常量)	5.443***	1.239**	0.491
控制变量			
企业年龄	0.104*	0.006	0.005
员工人数	0.138**	0.072*	0.078**
年销售总额	0.088*	−0.053	−0.042
行业领域	0.008	0.004	0.005

续　表

	模型1	模型2	模型3
解释变量			
结构性嵌入		0.207**	0.063*
关系性嵌入		0.295**	0.291**
认知性嵌入		0.329**	0.259**
中介变量			
创新合法性获取			0.322***
模型统计量			
R^2	0.129	0.536	0.579
调整后 R^2	0.110	0.519	0.562
F 值	6.870***	33.029***	34.818***

注:被解释变量为创新资源获取,表中回归系数为未标准化的回归系数,N=238,*表示显著性水平 $P<0.05$,**表示显著性水平 $P<0.01$,***表示显著性水平 $P<0.001$。

从表6-16可以看出,4个控制变量解释了创新资源获取总体方差的12.9%,说明所考虑的控制变量确实对企业的创新资源获取有较显著的影响。其中,企业年龄在 $P<0.05$ 的水平上显著,员工人数在 $P<0.01$ 的水平上显著,年销售总额在 $P<0.05$ 的水平上显著。因而需要对这些变量的作用加以控制后,才能更加准确地解释所研究变量之间的关系。

假设3a至假设3c论述的是网络嵌入与创新资源获取的正相关关系。模型2的 R^2 值较模型1有了显著性提高,这说明网络嵌入对企业创新资源获取有重要的解释作用。其中,结构性嵌入的回归系数为正且在 $P<0.01$ 的水平上显著异于0,这意味着企业通过结构性嵌入将对创新资源获取有显著的正向影响,因而假设3a通过验证;关系性嵌入的回归系数为正且在 $P<0.01$ 的水平上显著异于0,这意味着企业通过关系性嵌入将对创新资源获取有显著的正向影响,因而假设3b通过验证;认知性嵌入的回归系数为正且在 $P<0.01$ 的水平上显著异于0,这意味着企业通过认知性嵌入将对创新资源获取有显著

的正向影响,因而假设3c通过验证。另外,假设4论述了创新合法性获取在网络嵌入与创新资源获取中的中介作用,模型3的R^2值较模型2有了显著性提高,这说明创新合法性获取对创新资源获取有重要的解释作用。创新合法性获取的系数为正且在$P<0.001$的水平上显著异于0,这意味着创新合法性获取对创新资源获取有显著的正向作用,因而假设4通过检验。

此外,在新的变量加入之后,一些原有变量的显著性发生了变化。在将创新合法性获取加入之后,网络嵌入的三个构成维度要素的回归系数都有所降低,如结构性嵌入从0.207降至0.063,关系性嵌入从0.295降至0.291,认知性嵌入由0.329降至0.259,因而说明创新合法性获取在网络嵌入与创新资源获取中的中介效应是存在的。

四、回归分析小结

从上述回归分析结果可以发现,初始假设均通过了实证检验。此外,回归分析结果还显示,网络嵌入对企业突破性创新绩效具有显著的正向影响,但这种作用并非完全是直接的,中介作用确实存在。若考虑到中介变量的影响,网络嵌入对企业突破性创新绩效的作用机制是互相影响和制约的,作用的路径也非常复杂。通常认为,多元回归分析仅仅考察因变量与自变量之间的线性关系,而对自变量、中介变量各自之间及它们作用于因变量时的系统作用难以清晰体现。为了对网络嵌入各维度与突破性创新绩效的作用机制进行深入分析,本书还将使用结构方程建模对网络嵌入与突破性创新绩效之间的关系做更进一步的检验。

第三节　结构方程分析

一、数据分析和处理

在对结构模型进行数据分析之前,需要检验数据的合理性和有效性。一般认为,样本容量应在100—150之间,才适合使用极大似然法对结构模型进行估计(Ding,Velicer & Harlow,1995)。本研究的样本数量为238份,已超过最低样本容量要求。另外,在用结构方程进行模型拟合度检验前先要得到可接受的测量方程,以便避免因错误的测量方程所导致的结果混淆(Anderson & Gerbing,1988)。本书在运用结构方程对研究假设进行检验前,先对测量方程进行评价,而对其的评价过程就是验证性因子分析的过程。

通常来说,因子测量题项数会对验证性因子分析模型的拟合结果产生影响,当用三个题项数来表征每个因子时,结构方程最为稳定,也能较好满足"样本量是观察变量数的10倍"的结构方程建模要求,若测量题项过多将不利于模型的整体拟合(Rogers & Schmitt,2004;侯杰泰,温忠麟,成子娟,2004),而剔除部分项目以简化模型也被证明是不可取的(Nasser & Takahashi,2003),很多学者认为通过项目组合来归并和精简题项后所构建的结构方程能产生更好的拟合结果(Bandalos,2002;卞冉,车宏生和阳辉,2007)。从本质上讲,项目组合涉及的是概念表征的深度问题,项目组合在实践中得到广泛应用,并促使产生出多种多样的具体组合方法,其中内容组合是较为常见的一种方法,其建立在已有理论或研究者对项目内容的推断上,如将某一概念的测量分成若干方面,可按不同方面内容进行组合,或有些测量项目在内容描述上相似性高,可按这种相似性进行组合。

鉴于本书研究中的潜变量含有较多测量题项,可按内容组合方法进行题项组合,将组合的题项取均值作为新的项目得分。首先,对网络嵌入的各个构成要素进行理论维度的分析。根据本书研究的设计,结构性嵌入的测量可分为网络规模、网络密度和网络中心性三个方面。网络规模和网络密度是从企业与9个不同利益相关者的联系方面,分别采用9个题项进行测量的。网络中心性则设计了5个内容相关的题项进行测量,因而可对结构性嵌入的测量题项通过项目合并,将网络规模、网络密度和网络中心性的题项各自合并为一个新题项,最终形成了3个题项。同理,将网络嵌入的关系性、认知性嵌入两个维度要素,采用项目合并方法,最终各自形成了3个题项和2个题项,这里不再赘述。由此可见,对于网络嵌入的测度研究,最终形成了8个题项,构建的验证性因子分析模型如图6-1所示。

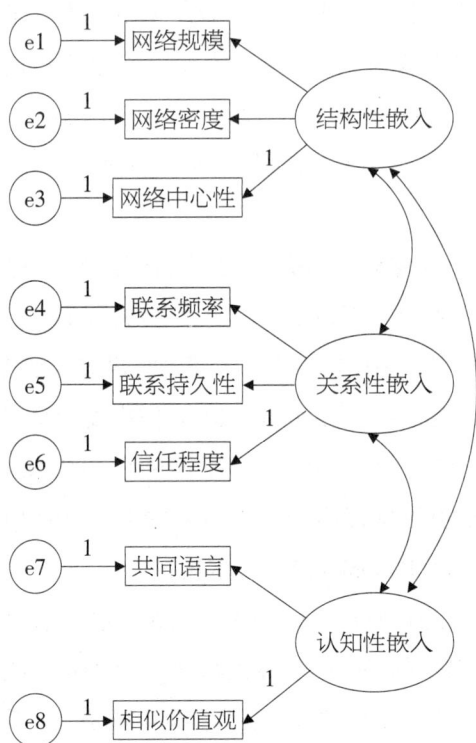

图6-1 网络嵌入的测量模型

其次,对于创新合法性获取这一潜变量,本书从实用合法性获取、道德合法性获取和认知合法性获取等三个方面进行衡量。根据内容组合方法,可将实用合法性获取的3个题项、道德合法性获取的5个题项及认知合法性获取的3个题项,各自合并成一个新题项,从而最终形成对创新合法性获取测量的3个题项。以此类推,将创新资源获取从信息获取、知识获取和资金获取等3个测量方面,进行题项内容组合后,形成了3个题项。

最后,对突破性创新绩效的8个测度题项,可按描述内容上的不同方面进行组合。如创新绩效的第1、2、3题项侧重于创新产品或服务的开发方面,可以合并为一个新题项;创新绩效的第4、5、6题项侧重于新市场开发方面,可以合并为一个新题项;创新绩效的第7、8题项侧重于创新的财务表现,可以合并为一个新题项。由此最终形成了用于测度突破性创新绩效的3个新题项。

在使用极大似然法进行结构方程模型估计时,要求观测变量服从正态分布,这里可通过分析测量变量的偏度和峰度值进行正态性检验。一般地,当样本数据满足偏度小于2且峰度小于5的条件时,即可认为其服从正态分布(Ghiselli,Campbell & Zedeck,1981)。本书使用SPSS 21.0软件对样本数据的偏度和峰度进行分析,结果如表6-17所示,可见各题项的样本数据均符合正态分布要求。

表6-17　合并题项的峰度和偏度检验

	网络规模	网络密度	网络中心性	联系频率	联系持久性	信任程度	共同语言
偏度	−0.40	−0.13	−0.53	−0.99	−0.86	−0.97	−0.86
峰度	0.85	0.90	1.80	1.88	1.33	2.02	1.52
	相似价值观	实用合法性获取	道德合法性获取	认知合法性获取	信息获取	知识获取	资金获取
偏度	−0.57	−0.37	−0.52	−0.70	−0.80	−1.04	−0.82
峰度	0.24	0.90	0.78	0.97	1.77	2.11	1.71
	产品绩效	市场绩效	财务绩效				
偏度	−0.53	−0.91	−0.55				
峰度	0.73	1.33	0.50				

我们运用AMOS 21.0软件对网络嵌入的构成要素进行验证性因子分析,拟合结果如表6-18所示。网络嵌入的验证性因子分析模型中χ^2的值为41.361(自由度df=17),χ^2/df=2.433,RMSEA=0.067,CFI=0.932,TLI=0.907,综合几个拟合指数可以判断,该模型的拟合质量较好,可以进入下一节的结构方程模型分析。

表6-18　网络嵌入测量模型拟合结果

	路径		标准化系数	未标准化系数	SE	CR	Sig
网络中心性	←	结构性嵌入	0.736	1			
网络密度	←	结构性嵌入	0.751	0.954	0.082	11.704	***

	路径		标准化系数	未标准化系数	SE	CR	Sig
网络规模	←	结构性嵌入	0.932	1.203	0.087	13.832	***
信任程度	←	关系性嵌入	0.767	1			
联系持久性	←	关系性嵌入	0.922	1.287	0.082	15.645	***
联系频率	←	关系性嵌入	0.922	1.338	0.086	15.514	***
相似价值观	←	认知性嵌入	0.833	1			
共同语言	←	认知性嵌入	0.898	1.111	0.068	16.391	***
拟合指标	χ^2	df	χ^2/df	CFI	TLI	RMSEA	
数值	41.361	17	2.433	0.932	0.907	0.067	

注:***表示显著性水平 P < 0.001。

二、初始模型构建

本书的研究属于结构方程分析类型中的产生模型分析(侯杰泰,温忠麟,成子娟,2004),即基于前文所提的概念模型和研究假设构建初始结构模型,检查这些模型是否拟合数据,基于理论或数据分析对模型中拟合欠佳的部分进行调整并修正,进而产生一个既符合理论推导又符合实践情况的最佳模型。

依据图4-2所构建的网络嵌入对企业突破性创新绩效作用机制的概念模型及本章第二节回归分析的结果,本书研究的初始结构方程模型如图6-2所示。回归分析中已详细分析了控制变量的影响,为了模型的简约性,故不再将控制变量引入初始结构方程模型中。该模型通过8个外生显变量(网络规模、网络密度,网络中心性、联系频率、联系持久性,信任程度、共同语言、相似价值观)来对3个外生潜变量(结构性嵌入、关系性嵌入、认知性嵌入)进行测量。此外,模型中还设置9个内生显变量(实用合法性获取、道德合法性获取、认知合法性获取、信息获取、知识获取、资金获取、产品绩效、市场绩效、财务绩效)来测量3个内生潜变量(创新合法性获取、创新资源获取、突破性创新绩效)。

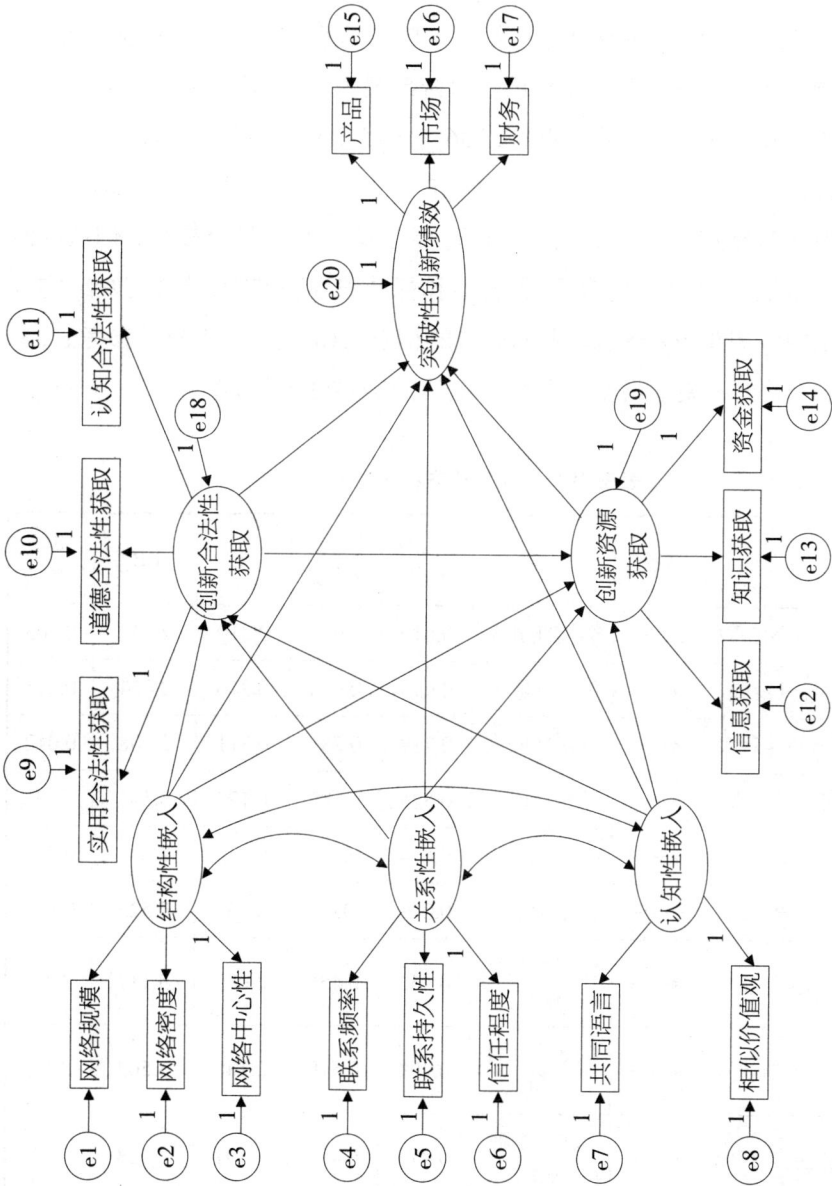

图6-2 网络嵌入对突破性创新绩效作用机制的结构方程模型

三、模型初步拟合

接下来,我们将对模型中设定的 12 条初始假设的影响路径进行验证。图 6-2 是在 AMOS 21.0 软件中所绘制成的可识别的结构方程模型,导入数据进行拟合,结果如表 6-19 所示。拟合结果表明,初始模型拟合的 χ^2 值为 287.28(自由度 df=105),χ^2/df 值为 2.736,小于 3;RMSEA 的值为 0.099,其小于 0.1 但大于 0.08;CFI 为 0.923,高于 0.9;TLI 为 0.888,低于 0.9。由此可见,从绝对拟合指数 χ^2/df,CFI 来看,模型在可接受范围,模型拟合较好。但从近似误差均方根 RMSEA,TLI 来看,拟合值和标准值尚有差距,结合初始结构方程模型中认知性嵌入到创新资源获取的相应的 CR 值低于 1.96 的参考值,未能达到结构方程模型路径检验的要求,因此需要进行局部修正。

表 6-19　初始结构方程模型拟合结果

路径			标准化系数	未标准化系数	SE	CR	显著性
创新合法性获取	←	结构性嵌入	0.819	0.914	0.310	2.947	0.003
创新合法性获取	←	关系性嵌入	0.613	0.668	0.276	2.424	0.015
创新合法性获取	←	认知性嵌入	0.719	0.781	0.311	2.508	0.012
创新资源获取	←	结构性嵌入	0.524	0.582	0.174	3.341	***
创新资源获取	←	关系性嵌入	0.624	0.666	0.255	2.614	0.009
创新资源获取	←	认知性嵌入	0.071	0.07	0.134	0.523	0.844
创新资源获取	←	创新合法性获取	0.462	0.456	0.089	5.113	***
突破性创新绩效	←	创新合法性获取	0.499	0.519	0.148	3.502	***
突破性创新绩效	←	创新资源获取	0.473	0.483	0.191	2.523	***
突破性创新绩效	←	结构性嵌入	0.763	0.781	0.370	2.11	***
突破性创新绩效	←	关系性嵌入	0.454	0.462	0.165	2.795	0.007

续　表

	路径		标准化系数	未标准化系数	SE	CR	显著性
突破性创新绩效	←	认知性嵌入	0.521	0.535	0.202	2.652	0.005
拟合指标	χ^2	df	χ^2/df	CFI	TLI	RMSEA	
数值	287.28	105	2.736	0.923	0.888	0.099	

注:***表示显著性水平 P < 0.001。

四、模型修正与确定

初始模型未拟合成功是模型分析中的常见现象,需要针对拟合欠佳部分进行修正。AMOS软件可以计算修正指数,它能提供使 χ^2 拟合指数减少的有用信息,AMOS允许在总体拟合模型中增加或减少每个可能的路径产生期望的 χ^2 值。需要注意的是,任何时候增加或减少,都会重新定义或修改模型,在某种程度上间接改变它的意义。因此,模型修正过程不能仅由数据导向来驱动,还应基于理论或现实依据进行增加或减少路径。

我们依据路径的修正指数及所涉及变量间关系的理论基础与实践意义对模型进行修正,以达到最佳拟合效果。从初始模型拟合结果可以看出,认知性嵌入到创新资源获取的CR值明显低于1.96,并考虑到这条路径的标准化回归系数仅为0.071,因而将这条路径从初始模型中予以删除。根据侯杰泰、温忠麟和成子娟(2004)的建议,一个参数的修改可能引起其他参数系统的变化,因而进行模型修改时原则上每次仅调整一个参数(修正后的模型见图6-3)。

鉴于此,当删除认知性嵌入到创新资源获取这一路径后,结构方程模型的 χ^2/df,CFI,TLI,RMSEA均有所改进;此外,经过这次模型调整之后,所有路径系数的CR值均已达到大于1.96的要求,具有显著意义,拟合情况如表6-20所示。综合以上评判指标,对模型的拟合通过检验,因而模型得以确定。

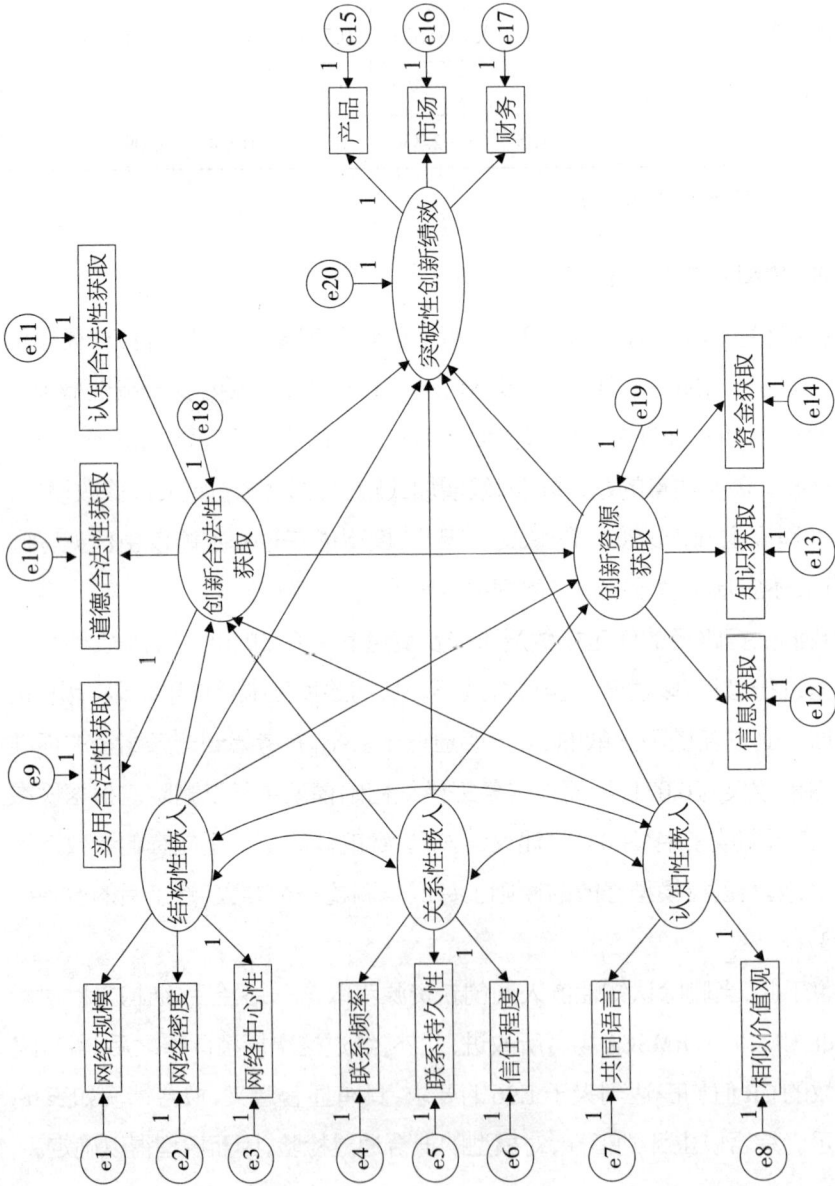

图6-3 修正的网络嵌入对突破性创新绩效作用机制的结构方程模型

表6-20　模型修正后的拟合结果

	路径		标准化系数	未标准化系数	SE	CR	显著性
创新合法性获取	←	结构性嵌入	0.792	0.606	0.176	3.452	***
创新合法性获取	←	关系性嵌入	0.521	0.552	0.215	2.57	0.009
创新合法性获取	←	认知性嵌入	0.619	0.722	0.285	2.535	0.008
创新资源获取	←	结构性嵌入	0.615	0.583	0.19	3.073	0.002
创新资源获取	←	关系性嵌入	0.422	0.487	0.220	2.21	0.006
创新资源获取	←	创新合法性获取	0.421	0.387	0.124	3.124	***
突破性创新绩效	←	创新合法性获取	0.417	0.506	0.11	4.617	***
突破性创新绩效	←	创新资源获取	0.448	0.485	0.182	2.659	***
突破性创新绩效	←	结构性嵌入	0.762	0.707	0.177	3.986	***
突破性创新绩效	←	关系性嵌入	0.433	0.489	0.167	2.923	0.003
突破性创新绩效	←	认知性嵌入	0.501	0.535	0.156	3.429	0.002
拟合指标	χ^2	df	χ^2/df	CFI	TLI	RMSEA	
数值	287.188	107	2.684	0.914	0.906	0.079	

注:***表示显著性水平$P < 0.001$。

五、结构方程建模分析小结

本小节通过结构方程模型分析方法,确定了企业网络嵌入对突破性创新绩效的作用机制。具体来说,在网络嵌入与企业的突破性创新绩效的关系中,存在11条显著的作用路径,分别是"结构性嵌入→创新合法性获取""关系性嵌入→创新合法性获取""认知性嵌入→创新合法性获取""结构性嵌入→创新资源获取""关系性嵌入→创新资源获取""创新合法性获取→创新资源获取""创新合法性获取→突破性创新绩效""创新资源获取→突破性创新绩效""结构性嵌入→突破性创新绩效""关系性嵌入→突破性创新绩效""认知性嵌入→突破性创新绩效"。各路径具体参数如表6-20所示,各个变量通过直接路径和间接路径作用于企业的突破性创新绩效。

第四节　实证结果的进一步分析与讨论

本章运用回归分析及结构方程建模方法对网络嵌入、创新合法性获取、创新资源获取与突破性创新绩效间的关系进行了实证检验。实证研究结果有力地支持了网络嵌入能够直接或间接提高企业突破性创新绩效的理论假设。下面将对实证结果做进一步分析和讨论。

一、结构性嵌入对突破性创新绩效的作用

本书的研究有力地支持了结构性嵌入与企业突破性创新绩效之间的正向影响关系。我们通过剖析结构性嵌入的作用路径,分析结构性嵌入对创新合法性获取、创新资源获取和突破性创新绩效的不同效应,阐明了结构性嵌入对企业突破性创新绩效的作用机制。研究结果表明,一方面,结构性嵌入能够直接促进企业突破性创新绩效的提高,这一点在回归分析中得到了验证和支持,在表6-14中结构性嵌入对企业突破性创新绩效有显著的正向影响,这与Cohen & Levinthal(1997)、McEvily & Zaheer(1999)、Tsai(2001)、Quiment & Amara(2007)、范群林、邵云飞和唐小我等(2010)、谢洪明、赵丽和程聪(2011)等学者的研究结论是一致的。而且,这一点在本研究最终确立的结构方程模型中也得到了验证和支持,模型中"结构性嵌入→突破性创新绩效"的标准化路径系数为0.762(P<0.001),这说明结构性嵌入会直接影响企业突破性创新绩效。

另一方面,结构性嵌入通过影响创新合法性获取和创新资源获取进而影响企业突破性创新绩效的提高。这一点也在回归分析中得到了支持,如在表6-15中结构性嵌入对创新合法性获取有显著的正向影响,这与Aldrich & Fiol(1994)、Suchman(1995)、Zimmerman & Zeitz(2002)、杜运周和刘运莲(2012)、彭伟、顾汉杰和符正平(2013)等学者的研究结论相符;在表6-14中

创新合法性获取对突破性创新绩效有显著的正向影响,这与 Deeds,Mang & Frandsen(2004),Tornikoski & Newbert(2007),张玉利和杜国臣(2007),杜运周和张玉利(2008),吴月瑞(2011)等的研究结论也是一致的,通过回归分析也验证了创新合法性获取的中介作用。同样地,在回归结果表6-16中,结构性嵌入对创新资源获取有显著的正向影响,这与Coleman(1988),Burt(1992),Hagedoorn(1993),Hossain(2009)等学者的研究观点一致;在表6-14中也可看出,创新资源获取对突破性创新绩效有显著的正向影响,这与Kogut & Zander(1992),Souitaris(2001),O'hagan & Green(2004),Hillman,Withers & Collins(2009)等的研究结论相符,回归分析也相应验证了创新资源获取的中介作用。与以上回归分析结果相符,结构性嵌入对突破性创新绩效的这些间接影响在本书研究最终确立的结构方程模型中也得到了相应验证和支持。模型中"结构性嵌入→创新合法性获取"的标准化系数为0.792(P<0.001),以及"创新合法性获取→突破性创新绩效"的标准化系数为0.417(P<0.001);另外,"结构性嵌入→创新资源获取"的标准化系数为0.615(P<0.01),以及"创新资源获取→突破性创新绩效"的标准化系数为0.448(P<0.001)。这说明结构性嵌入可以通过创新合法性获取和创新资源获取间接影响企业突破性创新绩效。

综上所述,结构性嵌入对企业突破性创新绩效有着重要的影响。在创新网络化背景下,突破性创新企业应当积极构建与更多外部组织网络间的联系,其所嵌网络的规模越大、网络的密度越高,企业越是处于网络的中心地位,则企业的突破性创新行为和活动将能获得外界对其更多的理解和认同,也能从外部网络中获取更多的创新所需的关键资源,进而有利于企业突破性创新绩效的提升。

二、关系性嵌入对突破性创新绩效的作用

与本书研究的理论假设一致,关系性嵌入会直接影响到企业的突破性创新绩效,关系嵌入对创新合法性获取和创新资源获取都具有正向影响,而创新合法性获取和创新资源获取也都正向影响企业的突破性创新绩效,这些假设在回归分析中得到了验证和支持,如在表6-14中关系性嵌入对企业

突破性创新绩效有显著的正向影响,这与Krackhardt(1992),Larson(1992),Capaldo(2007),Krause,Handfield & Tyler(2007),吴晓波和韦影(2005),池仁勇(2007),许冠南、周源和刘雪锋(2011),谢洪明、张霞蓉和程聪等(2012)学者的研究结论是一致的;在表6-15中关系性嵌入对创新合法性获取有显著的正向影响,这与Aldrich & Fiol(1994)、Zimmerman & Zeitz(2002)、李靖华和黄继生(2014)等学者的研究结论相符;在表6-16中关系性嵌入对创新资源获取有显著的正向影响,这与Gulati(1995),Uzzi(1997),Powell(1998),Dyer & Singh(1998),魏江(2003),McEvily & Marcus(2005),张方华(2010),谢洪明、张霞蓉和程聪等(2012)学者的研究结论是一致的。前文已述,表6-14中创新合法性获取、创新资源获取均对突破性创新绩效有显著的正向影响,回归结果也表明了两个中介变量的中介效应。可见,较高的关系性嵌入能提高网络成员间的互动频率和相互信任程度,增加合作强度和稳定性,促进创新网络资源的有效转移和获取,并有利于提高企业突破性创新绩效。

具体而言,关系性嵌入对企业突破性创新绩效的影响是通过两个方面实现的:关系性嵌入直接作用于企业突破性创新绩效,以及通过创新合法性获取和创新资源获取间接作用于企业突破性创新绩效,这一点在本书最终确立的结构方程模型中也得到了验证和支持。一方面,模型中"关系性嵌入→突破性创新绩效"的标准化系数为0.433(P<0.01),这说明关系性嵌入会直接影响企业突破性创新绩效;另一方面,"关系性嵌入→创新合法性获取"的标准化系数为0.521(P<0.01),"创新合法性获取→突破性创新绩效"的标准化系数为0.417(P<0.001);"关系性嵌入→创新资源获取"的标准化系数为0.422(P<0.01),"创新资源获取→突破性创新绩效"的标准化系数为0.448(P<0.001),这些说明关系性嵌入可以通过创新合法性获取和创新资源获取间接影响企业突破性创新绩效。

综上所述,关系性嵌入反映了企业与网络成员间的关系强度,企业所嵌网络中成员间的联系越频繁、联系的越紧密持久及成员间信任程度越高,则越有助于企业的突破性创新得到利益相关者的认可,以及获得创新网络合作伙伴的资源支持,从而有利于促进创新活动顺利进行和提高突破性创新绩效。

三、认知性嵌入对突破性创新绩效的作用

本书的研究通过统计回归和结构方程模型的分析,验证了认知性嵌入对企业突破性创新绩效的重要促进作用,这也印证了 Tsai & Ghoshal (1998)、Wong, Tjosvold & Yu(2005)、Ferri, Deakins &Whittam(2009)等人的研究结论。这意味着,企业通过网络的认知性嵌入,在协同合作中与其他网络成员形成一定的规范和共同语言,可以降低与网络成员之间交易的不确定性,有助于减少企业间沟通与合作的障碍和成本,有利于加深企业与其他网络成员之间的互信,从而获取合作伙伴的行动支持和资源支持,进而促进企业突破性创新绩效的提高。

具体而言,认知性嵌入与企业突破性创新绩效有着显著的正向直接影响,这在回归分析中得到了充分的支持。表6-14中的模型结果显示了认知性嵌入对突破性创新绩效有显著的正向影响。而且,在本书最终确立的结构方程模型中也得到验证,模型中"认知性嵌入→突破性创新绩效"的标准化系数为0.501(P<0.01),这说明认知性嵌入会直接影响企业突破性创新绩效。另外,认知性嵌入也可通过创新合法性获取进而正向影响企业突破性创新绩效,这在回归分析中也得到了支持,如表6-15中认知性嵌入对创新合法性获取有显著的正向影响,表6-14中创新合法性获取对突破性创新绩效有显著的正向影响,回归分析也验证了创新合法性获取的中介作用。与之相符,这种间接影响关系在最终确立的结构方程模型中也得到了相应验证和支持,模型中"认知性嵌入→创新合法性获取"的标准化系数为0.619(P<0.01),以及"创新合法性获取→突破性创新绩效"的标准化系数为0.417(P<0.001)。

然而,值得一提的是,在本书最终确立的结构方程模型中,"认知性嵌入→创新资源获取"这一作用路径没有成立,因而认知性嵌入正向直接影响创新资源获取的假设在结构方程分析中未得到证实,推敲其主要原因可能是:虽然认知性嵌入有助于企业从网络中汲取更多创新所需的资源,但由于突破性创新往往会引发本质性变革,在实施过程中需要更加注重提高社会对企业

创新的认知水平,从而获得外界对企业创新的认可,进而得到合作伙伴的资源支持,这种认知性嵌入对创新资源获取的影响作用在很大程度上可能被创新合法性获取所中介。从本书最终确定的结构方程模型中可以看出,"创新合法性获取→创新资源获取"的标准化系数为0.421(P<0.001),在回归分析中创新合法性获取与创新资源获取的正相关关系也得到了验证和支持,这一实证结果也印证了Deephouse(1996),Zimmerman & Zeitz(2002),Deeds,Mang & Frandsen(2004),Dacin,Oliver & Roy(2007),杜运周和张玉利(2008)等学者的研究结论,说明创新合法性获取对创新资源获取有较大的正向影响,即企业的创新合法性水平越高,也就越能获取更多的创新所需资源。这样,创新合法性获取就充当了认知性嵌入对创新资源获取的桥梁,由于创新合法性获取的中介效应,认知性嵌入对创新资源获取的直接影响作用可能就不显著了。

另外,在此需要补充说明的是,结合考虑"创新合法性获取→创新资源获取"这一路径,在结构方程模型中,"网络嵌入(结构性嵌入、关系性嵌入、认知性嵌入)→创新合法性获取→创新资源获取→突破性创新绩"这种中介作用机制在本书最终确立的结构方程模型中也清楚地展现了出来。这也表明创新合法性获取在突破性创新实施过程中起到了非常重要的作用,其主要体现在:突破性创新企业通过与众多网络成员建立联系,尤其是与网络中那些得到社会广泛认可的知名或具有良好声誉的个体或组织建立联系,并与网络成员通过频繁持久的互动而构建信任关系;同时,企业利用自身在行业内创新领先者的优势地位和组织声誉,主动向社会展示企业成就和积极传递企业价值理念,以获得人们对企业创新行为的认可及对突破性创新产品或服务的认同,从而大大提高企业从资源拥有者或控制者处获取创新所需资源的能力,进而有助于促进突破性创新绩效的提高。

假设验证结果汇总如表6-21所示。

表6-21 假设验证结果汇总

研究假设	验证结果
网络嵌入与突破性创新绩效的关系	
H1a 结构性嵌入对突破新创新绩效有显著的正向影响	通过
H1b 关系性嵌入对突破新创新绩效有显著的正向影响	通过
H1c 认知性嵌入对突破新创新绩效有显著的正向影响	通过
网络嵌入与创新合法性获取的关系	
H2a 结构性嵌入对创新合法性获取有显著的正向影响	通过
H2b 关系性嵌入对创新合法性获取有显著的正向影响	通过
H2c 认知性嵌入对创新合法性获取有显著的正向影响	通过
网络嵌入与创新资源获取的关系	
H3a 结构性嵌入对创新资源获取有显著的正向影响	通过
H3b 关系性嵌入对创新资源获取有显著的正向影响	通过
H3c 认知性嵌入对创新资源获取有显著的正向影响	未通过
创新合法性获取与创新资源获取的关系	
H4 创新合法性获取对创新资源获取有显著的正向影响	通过
创新合法性获取、创新资源获取与突破性创新绩效的关系	
H5 创新合法性获取对突破性创新绩效有显著的正向影响	通过
H6 创新资源获取对突破性创新绩效有显著的正向影响	通过

研究结果表明,网络嵌入与突破性创新绩效之间存在四条作用路径:网络嵌入→突破性创新绩效;网络嵌入→创新合法性获取→突破性创新绩效;网络嵌入→创新资源获取→突破性创新绩效;网络嵌入→创新合法性获取→创新资源获取→突破性创新绩效。这四条路径构成了网络嵌入对企业突破性创新绩效的作用机制。具体而言,各要素间的影响关系为:结构性嵌入直接正向影响突破性创新绩效,同时还能通过促进创新合法性获取

和创新资源获取,进而正向影响突破性创新绩效;关系性嵌入直接正向影响突破性创新绩效,同时还能通过促进创新合法性获取和创新资源获取,进而正向影响突破性创新绩效;认知性嵌入直接正向影响突破性创新绩效,同时还能通过促进创新合法性获取,进而正向影响突破性创新绩效,但是其对创新资源获取的影响不显著;此外,企业创新合法性获取能提高对创新资源的获取能力。本章还就实证研究结果与现有文献进行了相应对比,进一步印证和明晰了本研究结论及其适用条件。

通过前六章的论述，本书已对网络嵌入、创新合法性获取、创新资源获取和突破性创新绩效之间的关系进行了较为系统和深入的剖析。本章将对前文的研究内容进行总结归纳，阐明本书的主要结论、理论贡献和实践启示，并在此基础上指出本书研究存在的局限及未来的研究方向。

第一节　主要研究结论

突破性创新起源于熊彼特的"创造性破坏"思想，其旨在产品、过程或商业模式上对现有的产品和服务进行重大改进，在此过程中往往会引发本质性变革，改变现有的市场和产业，并带来全新的行业和市场。相比于基于现有知识和资源的渐进性创新，突破性创新受到社会更多的关注，正日益成为企业竞争与国家发展的重要途径。在网络环境下，突破性创新在实施过程中,一方面,其可能会与现有社会制度结构产生冲突,受到所处社会制度环境的制约。由于缺乏社会或利益相关者对企业创新的认同,企业创新最终失败,创新能否得以实现一定程度上将取决于能否获得制度上的合法性(Aldrich & Fiol,1994;Tornikoski & Newbert,2007)。另一方面,由于突破性创新投资大、风险高、不确定因素多,单个企业所拥有的资源往往难以满足突破性创新的要求,这就迫使企业必须寻求与外部组织合作,建立各种社会网络关系来获取创新所需的信息、知识和资金等资源(张方华,2006)。

在此背景下,本书从一个系统的角度有效整合了企业网络理论、制度理论及资源理论的相关研究,紧密围绕"网络嵌入如何影响企业突破性创新绩效"这一基本问题,构建了网络嵌入、创新合法性及创新资源获取与突破性创新绩效的分析框架,综合运用理论研究、探索性案例研究、问卷统计分析等研究方法及SPSS 21.0和AMOS 21.0等统计软件,把定性研究与定量研究有机结合,逐层深入地探究了以下三个相关研究问题:①企业所嵌网络的特征对突破性创新绩效有怎样的影响? ②创新合法性获取与创新资源获取对突破性创新绩效有怎样的影响? ③网络嵌入与突破性创新绩效之间的作用机理是怎样的? 其中的中介因素是什么? 经过前六章的论证分析,形成以下主要研究结论:

(1)企业网络嵌入特征对企业突破性创新绩效有积极的影响作用。

在企业网络视角下,嵌入性的观点意味着,创新活动作为企业的一种基本活动,其不能独立于社会环境之外,而是嵌入于所处社会网络之中,往往受到网络内其他行动者行动的影响,同时也会影响其他行动者的行动。目前,学术界将网络嵌入主要划分为结构性嵌入、关系性嵌入和认知性嵌入。结构性嵌入反映了网络结构对于企业行为的影响程度;关系性嵌入反映了网络成员间紧密互动的关系强度;认知性嵌入反映了网络成员间形成的一种共同认知模式和观念。本书通过对4家企业的深入调研和对238家企业的调研问卷的研究表明,网络嵌入的结构性、关系性、认知性特征都有助于企业突破性创新绩效的提高。结构性嵌入网络的规模越大、密度越高,企业越是处于网络的中心地位,对突破性创新绩效的提高有积极的促进作用,这与 Cohen & Levinthal(1997),McEvily & Zaheer(1999),Tsai(2001),

Quiment & Amara(2007),谢洪明、赵丽和程聪(2011)等学者的研究结论是一致的;较高的关系性嵌入能提高网络成员间的互动频率和相互信任程度,增加合作强度和稳定性,有利于提高企业突破性创新绩效,这与Krackhardt(1992),Capaldo(2007),Krause,Handfield & Tyler(2007),吴晓波和韦影(2005),池仁勇(2007),许冠南、周源和刘雪锋(2011)等学者的研究结论相符;较高的认知性嵌入能使网络成员形成一定的规范和共同语言,降低了网络成员之间交易的不确定性,有助于减少沟通与合作的障碍和成本,有利于促进企业突破性创新绩效的提高,这也印证了Tsai & Ghoshal(1998),Wong,Tjosvold & Yu(2005),Ferri,Deakins &Whittam(2009)等的研究。

(2)创新合法性与创新资源获取对企业突破性创新绩效有积极的影响作用。

合法性是组织社会学制度理论研究领域中的重要概念,合法性解释了组织的社会嵌入性。本书将开展创新活动视为企业的一种行为,借鉴Suchman对合法性的定义,认为创新合法性是指企业的突破性创新在社会建构的规范、价值、信念和身份系统中被利益相关者接受或认可的一种普遍性观念或假设。创新合法性反映了组织利益相关者对组织创新行为的一种认知,可从源于利益相关者自利考虑的实用合法性,基于道德规范评判的道德合法性,以及外界认为创新有意义的认知合法性等方面衡量。实证结果表明,创新合法性获取对突破性创新绩效有积极的影响作用。企业创新合法性获取的关键在于得到利益相关者的认可和支持,促进了创新活动顺利进行,有助于提升创新企业的财务表现和市场成长绩效。这也印证了 Deeds,Mang & Frandsen(2004),Tornikoski & Newbert(2007),张玉利和杜国臣(2007),杜运周和刘运莲(2012)等学者对合法性与企业绩效关系的相关研究。

资源的获取和投入是影响创新发展的重要因素,因而创新成功和创新发展需要关键资源的支持。在网络化创新情境下,由于创新资源的稀缺性,企业自身无法拥有创新需要的所有资源,就必须从外部环境中的其他组织获取必要的资源(Pfeffer & Salancik,1978;Scott,1992)。因此,为了追求创新,企业不得不与外部组织进行联系,以交换和摄取发展所需的各种资源,尤其是那些存在于企业网络之中创新所需的有价值的关键信息、知识、技术及资金等资源(Gulati,1999)。实证结果表明,创新资源获取对突破性创新绩效有积极的影响作用。从一定意义上讲,创新实施过程实质上就是企业对创新资源进行获取、整合和利用的过程,对创新资源的获取则是突破性创新能力得以提高的前提条件。因而,创新企业对资源的获取能力将成为判断其能否实现创新目标和提高创新绩效的一项重要指标。

(3)网络嵌入通过影响创新合法性与创新资源获取进而作用于企业突破性创新绩效。

本书通过对238家企业的数据进行回归分析和结构方程建模后发现,网络嵌入对于企业突破性创新的作用是通过以下途径实现的:网络嵌入直接作用于突破性创新绩效;网络嵌入通过影响创新合法性获取进而影响突破性创新绩效;网络嵌入通过影响创新资源获取进而影响突破性创新绩效;此外,考虑到创新合法性获取对创新资源获取的影响,网络嵌入也可通过这一关系路径进而影响突破性创新绩效,这些路径一起构成了网络嵌入对突破性创新绩效的作用机制。

实证研究结果表明,创新合法性获取和创新资源获取在网络嵌入对突破性创新绩效的作用机制中起到中介效应。具体来说,在结构性嵌入方面,创新企业所嵌网络的规模越大、密度越高,以及越是处于网络的中心地位,则企业的突破性创新行为和活动更易于获得外界对其更多的理解和认同,有助于从外部网络中获取更多的创新所需的关键资源,进而有利于企业突破性创新绩效的提高;在关系性嵌入方面,企业所嵌网络中成员间的联系越频繁、联系越紧密持久及成员间相互信任程度越深,则越有助于企业的突破性创新得到利益相关者的认可,以及获得创新网络合作伙伴的资源支持,从而有利于促进创新活动的顺利进行和提高突破性创新绩效;在认知性嵌入方面,企业向网络内成员积极展现和传递与公众一致性较高的企业文化、价值观和社会道德责任感,并努力与网络群体的规则、价值观和信仰系统保持相符,使企业获取较高的认同感,这有助于提高企业的创新合法性获取能力,从而获取更多的网络资源,进而促进企业的突破性创新绩效的提高。

第二节　理论贡献与实践启示

一、理论贡献

（1）通过理论构建，丰富和拓展了突破性创新研究的相关理论视角和应用边界。

网络嵌入理论认为，企业不能独立于社会环境之外，而是嵌入于所处社会网络之中，其行为受到组织间社会关系的影响，也受到来自社会结构的文化与价值等因素的影响（Granovetter，1985；Gulati ＆ Gargiulo，1999）。制度理论认为，企业合法性决定了其创新活动被社会群体所理解和接受的程度（Suchman，1995；Aldrich ＆ Fiol，1994；Tornikoski ＆ Newbert，2007），合法性解释了企业的社会嵌入性，创新合法性反映了社会或利益相关者对企业创新行为的一种认知。另外，企业资源决定了企业的生命，资源基础观强调资源对企业生存和发展的重要性，这意味着企业创新发展会受到创新资源的影响，企业网络被视为企业的重要资源，网络嵌入是其获取资源的重要渠道；再者，资源依赖理论认为，合法性影响企业对竞争资源的获取（Pfeffer ＆ Salancik，1978），而合法性也被认为是带来关键资源的资源（Zimmerman ＆ Zeitz，2002）。由此可见，对于开展突破性创新的企业而言，积极构建与外部组织间的联系互动，可通过网络嵌入获取创新所需的关键性网络资源；同时，在制度环境约束下也可依托网络嵌入获取创新合法性，使得突破性创新得以顺利进行和获得关键资源的支持。基于以上理论分析和相关研究成果，本书将企业网络理论、资源理论、制度理论与突破性创新理论系统化地联系起来，构建了基于多理论整合视角的突破性创新综合分析框架，进一步拓展并深化了突破性创新领域研究的相关理论的应用范围。

（2）通过实证的方法，推进和深化了企业网络嵌入对突破性创新绩效作用机制的研究。

网络嵌入已发展成为研究企业网络的一个重要工具。以往相关学者在对网络特征与企业绩效关系的研究中也取得了丰硕的成果。然而，以往研究大都着重对网络嵌入对企业绩效的影响进行直接分析,虽然现有研究对网络嵌入会影响企业绩效已达成了共识,但对于网络嵌入与企业绩效之间存在怎样的作用机制却意见不一,也较为缺乏对网络嵌入影响企业绩效的内在机制和过程进行深入研究,以及缺乏相关的实证检验。因此,本书基于以下逻辑假设进行研究:突破性创新企业与所嵌网络的联系互动可提高创新合法性水平,进而有利于提高创新绩效;同时,网络嵌入是企业获取突破性创新所需资源的重要源泉和渠道,创新资源获取对突破性创新有显著的推动作用,也有助于提升创新绩效。由此引入创新合法性获取和创新资源获取作为中介变量,创造性地构建起"网络嵌入—创新合法性获取和创新资源获取—突破性创新绩效"的理论框架,打开了网络嵌入影响企业突破性创新绩效中间机理的黑箱,并实证检验揭示了相应变量间的影响关系,对网络嵌入影响突破性创新绩效的作用机制的研究做了有意义的补充。

(3)基于制度理论视角,引入创新合法性构念,丰富了组织合法性领域的相关研究。

突破性创新对现有技术和市场的冲击往往会引发社会各界的争议,因而在制度环境下的创新合法性对突破性创新能否最终实现起到非常关键的作用。本书基于组织社会学制度分析的合法性理论,借鉴引入创新合法性这一概念,从更细化的角度刻画其变量维度,深入剖析在制度嵌入下创新合法性在突破性创新实施过程中所产生的影响,并基于相关理论分析提出创新合法性对创新资源获取的影响,也相应地实证分析了创新合法性与突破性创新绩效之间存在的作用机理,尤其验证了用合法性理论解释创新的制度嵌入对突破性创新成功的重要作用。笔者在文献梳理后发现,以往对企业创新的研究大多基于经济学效率机制讨论创新所处的任务环境(张玉利,杜国臣,2007),而忽视了社会学中的合法性机制在创新与制度环境互动中的重要作用。鉴于此,本书将制度分析的合法性引入突破性创新研究领域,从创新合法性视角入手研究提高突破性创新成功率的新思路,既拓展了制度理论在创新领域中的应用,也丰富了突破性创新领域的研究,这对于在制度转型背景下我国企业突破性创新的提升具有一定现实指导意义。

二、实践启示

创新是企业在激烈竞争中生存与发展的不竭动力,尤其是在创新网络化背景下,企业如何进行及成功实施突破性创新成为当前需要思考和关注的现实课题。鉴于此,本书从企业网络视角切入,构建了网络嵌入影响企业突破性创新绩效的概念模型,在此基础上深入研究了网络嵌入对突破性创新绩效的影响机理。本书的研究成果对我国转型情境下企业的突破性创新管理实践有以下启示:

(1)积极构建有效的企业创新社会网络,以提高企业创新合法性获取和创新资源获取能力,进而可促进突破性创新绩效的提高。

在组织网络化范式下,对于创新企业来说,要想立足于激烈的竞争中而不被市场淘汰,就必须加强对创新网络的建设,嵌入于网络中以弥补自身的不足。在网络环境下,企业的创新活动越来越依赖于外部网络。突破性创新由于周期长、投入大、风险高,单个企业无法仅依靠自身就能成功,更需要依赖于创新网络。一方面,企业突破性创新的合法性获取依托于所嵌网络,获得网络中利益相关者对创新合法性的认同,是突破性创新能否顺利进行和能否获得制度支持的关键。因此,企业在实施突破性创新的过程中应注重构建各种外部网络以提升网络嵌入能力,与网络成员加强沟通互动,建立互利互信理念,通过积极有效的网络运作,获得利益相关者对企业突破性创新活动的信任和支持,从而有助于提高突破性创新绩效。

另一方面,网络嵌入成为企业获取突破性创新所需资源的重要源泉和渠道。因此,突破性创新企业应该注重尽可能与多的外部组织建立联结,在网络中把握主动权,占据中心地位,与外部组织进行频繁持久的联系,建立相互信任关系,从而不断提升网络嵌入能力,尤其提高对异质性、非冗余性信息和知识的获取能力,有效获取创新所需的信息、知识和资金等资源,进而提高突破性创新绩效。

(2)主动实施有效的创新合法化策略,以推动企业突破性创新活动顺利开展和提高突破性创新绩效。

在突破性创新的市场化过程中会突破既有制度约束的一些规范与认

知,若此时企业忽视制度建设,一旦失去了制度支持,势必遭遇创新的失败(Aldrich & Fiol,1994)。因而,在制度环境下创新合法性对突破性创新最终能否实现起到关键的影响。可见,选择有效的创新合法化战略,对于提升突破性创新企业的合法性水平,使其成功嵌入制度具有重要作用(吴月瑞,2011)。

一方面,企业的突破性创新行为会受到规制、规范和认知层面的制度约束,创新合法性的制度化过程就是塑造行为的外部制度环境对企业创新的合法性感知的过程。因此,企业在实施突破性创新的过程中,需要遵守规制性规则要求,即创新行为符合法律的条文和精神,以及政府部门制定的规章规则、标准和期望,多参与政府举行的活动来增进相互了解和彼此信任,以使创新得到来自政府的支持与认可;同时,企业创新行为也需要遵守规范性准则,即创新行为符合社会价值观和道德规范、创新的技术流程、组织结构通用的专业标准,创新组织领导者的个人行为符合公众的共同价值观和道德规范,创新产品或服务符合社会价值观和道德规范要求;此外,在实施过程中,还需要塑造创新的认知性意义系统,例如,可通过积极利用各类社会媒体平台引导社会大众的消费观念及认知观念,使创新产品或者服务得到顾客的理解和接受。

另一方面,企业应主动对制度环境做出能动性回应,通过象征性行动如传递企业信誉和成就、企业愿景及使命、企业社会责任表现等来展示企业价值观与社会价值观的一致,从而塑造创新企业的合法性。此外,要积极实施突破性创新合法化战略,可整合运用遵从型、选择型、操纵型、创造型等合法化策略方式(Suchman,1995;Zimmerman & Zeitz,2002),来获取利益相关者对企业新产品或新服务的认可和接受。具体来讲,在展示新产品或新服务不同于现有产品或服务的创新之处时,要先考虑既有制度规范中人们对现有产品或服务的使用和理解,以及采用顾客熟悉的方式和语言;若考虑到突破性创新产品或服务与现有产品或服务有很大区别,可能引发竞争对手和其他利益相关者的强烈反应,企业需有选择地逐步推出创新产品或服务;也可利用企业在所嵌网络的中心性及较高的组织声誉所具有的影响力,说服政府、行业协会等权威部门对现有产品或服务的技术标准与规范进行修改或完善,或在新业务领域树立新标准,改变现有制度结构,使得突破性创新的产品或服务被人们所认可和接受。

第三节　研究局限与未来研究展望

虽然本书得到了一些非常有意义的结论,也有一定的理论贡献和管理启示。然而,由于所研究问题的复杂性和笔者的时间、精力及个人能力所限,本书的研究还存在诸多有待完善之处,主要表现在以下三个方面:

(1)样本收集。

在本书研究过程中,笔者花费了大量时间和精力通过多种途径进行问卷发放与回收工作,并兼顾调查了企业在年龄、性质、规模及行业类别上的差异性,以保证有效问卷的数量和质量及减少未回复偏差,收回的问卷数量也基本满足了实证分析的要求。但是,由于问卷发放的区域限制,样本数据大部分源自长三角地区,尤其以浙江省企业为甚,较难排除特定区域企业固有的内在特性影响,可能在一定程度上对研究结果的普适性造成影响;另外,囿于总体样本数量,使得本书分行业、分类型的深入研究较难实现。因此,未来的研究需要在更广的区域范围内收集更多的样本,以及分行业或分类型对本书所得的研究结论进行验证。

(2)变量测度。

本书采用七点量表的测量方法对网络嵌入、创新合法性获取、创新资源获取和突破性创新绩效等变量进行测度,尽管在研究中对测量变量进行了效度与信度的检验,以尽量保证测量变量的有效性和可靠性。但是主观评分方法难以避免测度偏差和缺陷的发生,从而可能对研究结果造成影响。因此,未来研究中对变量的测度应当尽可能采用更加客观的方法,如具备数据收集可获得性和有效性条件,可以运用软件计算衡量结构性嵌入中的网络密度、网络规模及网络中心性等指标(Powell,Koput & Smith-Doerr,1996;Batjargal & Liu,2003),也可以综合使用客观数据对突破性创新绩效、创新合法性及创新资源获取能力等变量进行评估,这样所做的研究可能更加精细,研究效度也将更高,使得研究结论更具可靠性与可重复性。

(3)研究的时间跨度。

本书研究总体上假定企业的创新行为和创新结果源自所嵌入的相对稳定的创新网络,没有考虑创新网络所具有的易变性和暂时性的动态演化过程,所获取的数据属于横截面数据,研究结论是通过企业的截面数据分析得到的,使得结论的有效性还有待更严格的检验。因此,在未来研究中,可从复杂适应系统视角入手,引入时间框架进行纵向研究,运用纵向大样本面板数据,深入细致地考察网络嵌入特征、合法性水平、资源获取能力、创新绩效差距和外部环境等要素的作用机制,在企业不同发展阶段下随时间变化不断演化的过程,这将对企业管理实践更具有现实指导意义。

参考文献

边燕杰,张文宏,2001. 经济体制、社会网络与职业流动[J]. 中国社会科学(2):77-89.

边燕杰,丘海雄,2000. 企业的社会资本及其功效[J]. 中国社会科学(2):87-99.

卞冉,车宏生,阳辉,2007. 项目组合在结构方程模型中的应用[J]. 心理科学进展,15(3):567-576.

曹正汉,2005. 无形的观念如何塑造有形的组织对组织社会学新制度学派的一个回顾[J]. 社会,25(3):207-216.

陈劲,CHAWLA S K,2001. 小企业关键成功要素的跨国度比较[J]. 中国管理科学,9(5):68-73.

陈劲,戴凌燕,李良德,2002. 突破性创新及其识别[J]. 科技管理研究,22(5):22-28.

陈仕华,齐靠民,2010. 企业声誉的转换机制:合法性和认证竞赛[J]. 经济与管理,24(1):31-34.

陈学光,2008. 网络能力、创新网络及创新绩效关系研究[M]. 北京:经济管理出版社.

陈晓萍,徐淑英,樊景立,2008. 组织与管理研究的实证方法[M]. 北京:北京大学出版社.

池仁勇,2007. 区域中小企业创新网络的结点联结及其效率评价研究[J]. 管理世界(1):105-112.

丁浩,王炳成,段洪亮,2013. 科技型小微企业商业模式创新、创新合法性与员工企业家精神研究[J]. 科技进步与对策,30(21):80-81.

杜运周,张玉利,2008. 稳健合法化战略与创新市场化整合研究——一个综合模型[J]. 科学管理研究,26(4):14-17.

杜运周,刘运莲,2012. 创业网络与新企业绩效:组织合法性的中介作用及其启示[J]. 财贸研究,23(5):127-136.

范钧,郭立强,聂津君,2014. 网络能力、组织隐性知识获取与突破性创新绩效[J]. 科研管理,35(1):16-24.

范群林,邵云飞,唐小我,等,2010. 结构嵌入性对集群企业创新绩效影响的实证研究[J]. 科学学研究,28(12):1891-1900.

冯飞,王晓明,王金照,2012. 对我国工业化发展阶段的判断[J]. 中国发展观察(10):56-57.

冯军政,刘洋,金露,2015. 企业社会网络对突破性创新的影响研究——创业导向的中介作用[J]. 研究与发展管理,27(2):89-100.

官建成,2004. 企业制造能力与创新绩效的关系研究:一些中国的实证发现[J]. 科研管理,25(s1):78-84.

高丙中,2000. 社会团体的合法性问题[J]. 中国社会科学(2):100-109.

桂勇,陆德梅,朱国宏,2004. 经济转型、关系强度与求职行为——一项关于失业群体的实证研究[J]. 世界经济文汇(2):21-33.

葛宝山,董保宝,2009. 基于动态能力中介作用的资源开发过程与新创企业绩效关系研究[J]. 管理学报,6(4):520-526.

郝云宏,唐茂林,王淑贤,2012. 企业社会责任的制度理性及行为逻辑:合法性视角[J]. 商业经济与管理,1(7):74-81.

侯杰泰,温忠麟,成子娟,2004. 结构方程模型及其应用[M]. 北京:经济科学出版社.

胡艳曦,曾楚宏,2008. 论商业模式创新中的组织合法性[J]. 学术研究(9):55-58.

黄洁,2007. 企业成长与网络演化:基于浙江集群企业的实证研究[M]. 杭州:浙江大学出版社.

黄中伟,游锡火,2010. 社会网络、组织合法与中国企业国际化绩效——来自122家中国企业海外子公司的实证[J]. 经济管理(8):38-48.

贾怀勤,2006. 应用统计[M]. 4版. 北京:对外经贸大出版社.

兰建平,苗文斌,2009. 嵌入性理论研究综述[J]. 技术经济,28(1):104-108.

李维安,邱昭良,2007. 网络组织的学习特性辨析[J]. 科研管理,28(6):175-181

李宏贵,2011. 互补资产、创新合法性与突破性创新关系研究[C]. 第六届(2011)中国管理学年会论文.

李宏贵,周洁,2015. 组织声誉与企业成长:创新合法性的中介作用[J]. 科技进步与对策,32(10):84-87.

李玉刚,童超,2015. 企业合法性与竞争优势的关系:分析框架与研究进展[J]. 外国经济与管理,37(3):65-75.

李靖华,黄继生,2014. 服务创新的合法性构建:社会网络运作视角[J]. 科技管理研究,34(7):17-22.

李志刚,汤书昆,梁晓艳,等,2007. 基于网络结构的产业集群知识创新和扩散绩效[J]. 系统工程,25(5):1-8.

李泓桥,2013. 创业导向对企业突破性创新的影响研究:互补资产的调节作用[J]. 科学学与科学技术管理,34(3):126-135.

李玲,党兴华,贾卫峰,2008. 网络嵌入性对知识有效获取的影响研究[J]. 科学学与科学技术管理,29(12):97-100.

李怀祖,2004. 管理研究方法论,[M]. 2版. 西安:西安交通大学出版社.

刘雪锋,2009. 网络嵌入性影响企业绩效的机制案例研究[J]. 管理世界(s1):3-12.

刘军,2008. 管理研究方法:原理与应用程序[M]. 北京:中国人民大学出版社.

刘元芳,陈衍泰,余建星,2006. 中国企业技术联盟中创新网络与创新绩效的关系分析——来自江浙沪闽企业的实证研究[J]. 科学学与科学技术管理,27(8):72-79.

卢谢峰,韩立敏,2007. 中介变量、调节变量与协变量——概念、统计检验及其比较[J]. 心理科学,30(4):934-936.

罗志恒,葛宝山,董保宝,2009. 网络、资源获取和中小企业绩效关系研究:基于中国实践[J]. 软科学,23(8):130-134.

毛基业,张霞,2008. 案例研究方法的规范性及现状评估——中国企业管理案例论坛(2007)综述[J]. 管理世界(4):115-121.

马庆国,2002. 管理统计:数据获取、统计原理、SPSS工具与应用研究[M]. 北京:科学出版社.

马庆国,2006. 应用统计学:数理统计方法、数据获取与SPSS应用[M]. 北京:科学出版社.

彭伟,顾汉杰,符正平,2013. 联盟网络、组织合法性与新创企业成长关系研究[J]. 管理学报,10(12):1760-1761.

彭新敏,2011. 企业网络与利用性-探索性学习的关系研究:基于创新视角[J]. 科研管理,32(3):15-22.

彭灿,2009. 突破性创新的资产基础与面向突破性创新的联盟战略[J]. 研究与发展管理,21(3):85-90.

齐延信,吴祈宗,2006. 突破性技术创新网络组织及组织能力研究[J]. 中国软科学(7):147-150.

秦剑,王迎军,2010. 跨国公司在华突破性创新的关键资源研究[J]. 科学学研究,28(8):1273-1281.

秦剑,2012. 高绩效工作实践系统、知识扩散与突破性创新[J]. 科研管理,33(1):71-78.

秦剑,张玉利,2013. 社会资本对创业企业资源获取的影响效应研究[J]. 当代经济科学,35(2):96-106.

丘海雄,于永慧,2007. 嵌入性与根植性——产业集群研究中两个概念的辨析[J]. 广东社会科学(1):175-181.

任胜钢,胡春燕,王龙伟,2011. 我国区域创新网络结构特征对区域创新能力影响的实证研究[J]. 系统工程(2):50-55.

寿柯炎,魏江,2015. 网络资源观:组织间关系网络研究的新视角[J]. 情报杂志(9):163-168.

宋铁波,蓝海林,曾萍,2010. 区域多元化还是产品多元化:制度环境约束下优势企业的战略选择[J]. 广州大学学报(社会科学版),9(3):45-52.

苏敬勤,崔淼,2011. 工商管理案例研究方法[M]. 北京:科学出版社.

苏敬勤,崔淼,2011. 环境不确定性、能力基础与业务调整:理论与案例[J]. 科研管理,32(2):106-113.

孙圣兰,2008. 基于技术集成的突破性产品创新研究[J]. 科技管理研究,28(5):12-14.

孙海法,刘运国,方琳,2004. 案例研究的方法论[J]. 科研管理,25(2):107-112.

邬爱其,2006. 企业创新网络构建与演进的影响因素实证分析[J]. 科学学研究,24(1):141-149.

邬爱其,贾生华,2007. 企业成长机制理论研究综述[J]. 科研管理,28(2):53-58.

吴晓波,韦影,2005. 制药企业技术创新战略网络中的关系性嵌入[J]. 科学学研究,23(4):561-565.

魏江,2003. 小企业集群创新网络的知识溢出效应分析[J]. 科研管理,24(4):54-60.

韦影,2007. 企业社会资本与技术创新:基于吸收能力的实证研究[J]. 中国工业经济(9):119-127.

温忠麟,侯杰泰,张雷,2005. 调节效应与中介效应的比较和应用[J]. 心理学报,37(2):268-274.

吴明隆,2003. SPSS 统计应用实务:问卷分析与应用统计[M]. 北京:科学出版社.

吴月瑞,2011. 企业合法化战略与创新绩效关系的实证研究[D]. 广州:华南理工大学.

项保华,张建东,2005. 案例研究方法和战略管理研究[J]. 自然辩证法通讯,27(5):62-66.

谢洪明,赵丽,程聪,2011. 网络密度、学习能力与技术创新的关系研究[J].科学学与科学技术管理,32(10):57-63.

谢洪明,张霞蓉,程聪,等,2012. 网络关系强度、企业学习能力对技术创新的影响研究[J]. 科研管理,33(2):55-62.

徐蕾,魏江,石俊娜,2013. 双重社会资本、组织学习与突破式创新关系研究[J]. 科研管理,34(5):39-47.

徐二明,左娟,2010. 合法性对电信运营企业可持续发展战略及绩效的影响研究[J]. 中国工业经济(10):44-54.

许冠南,2008. 关系嵌入性对技术创新绩效的影响研究——基于探索型学习的中介机制[D]. 杭州:浙江大学.

许冠南,周源,刘雪锋,2011. 关系嵌入性对技术创新绩效作用机制案例研究[J]. 科学学研究,29(11):1728-1735.

薛红志,张玉利,2006. 突破性创新、互补性资产与企业间合作的整合研究[J]. 中国工业经济(8):101-108.

姚小涛,席酉民,2003. 社会网络理论及其在企业研究中的应用[J]. 西安交通大学学报(社会科学版),23(3):22-27.

姚康,宋铁波,曾萍,2011. 制度压力、合法性选择与民营企业发展:基于温氏的经验征据[J]. 软科学,25(2):134-140.

易丹辉,2008. 结构方程模型:方法与应用[M]. 北京:中国人民大学出版社.

易朝辉,2012. 网络嵌入、创业导向与新创企业绩效关系研究[J]. 科研管理,33(11):105-115.

余菁,2004. 案例研究与案例研究方法[J]. 经济管理(20):24-29.

赵孟营,2005. 组织合法性:在组织理性与事实的社会组织之间[J]. 北京师范大学学报(社会科学版)(2):119-125.

张钢,于小涵,2005. 组织网络化发展中的学习机制与创新效率[J]. 科研管理,26(6):87-93.

张洪石,陈劲,2005. 突破性创新的组织模式研究[J]. 科学学研究,23(4):566-571.

张洪石,2005. 突破性创新动因与组织模式研究[D]. 杭州:浙江大学.

张方华,林仁方,2004. 企业的社会资本与技术合作[J].科研管理,25(2):31-36.

张方华,2006. 企业社会资本与技术创新绩效:概念模型与实证分析[J]. 研究与发展管理,18(3):47-53.

张方华,2010. 网络嵌入影响企业创新绩效的概念模型与实证分析[J]. 中国工业经济(4):110-119.

张荣祥,刘景江,2009. 高技术企业创业社会网络嵌入:机制要素与案例分析[J]. 科学学研究,27(6):904-909.

周雪光,2003. 组织社会学十讲[M]. 北京:社会科学文献出版社.

张玉利,杜国臣,2007. 创业的合法性悖论[J]. 中国软科学(10):47-58.

郑素丽,吴晓波,2011. 组织间资源影响因素实证研究[J]. 科研管理,32(8):90-97.

郑准,王国顺,2009. 外部网络结构、知识获取与企业国际化绩效:基于广州制造企业的实证研究[J]. 科学学研究,27(8):1206-1212.

郑登攀,党兴华,2012. 网络嵌入性对企业选择合作技术创新伙伴的影响[J]. 科研管理,33(1):154-160.

朱秀梅,李明芳,2011. 创业网络特征对资源获取的动态影响——基于中国转型经济的证据[J]. 管理世界(6):105-115.

ABERNATHY W,UTTERBACK J,1978, Patterns of innovation technology [J].Technology review,80(7):40-47.

ACS Z J,AUDRETSCH D B,1988. Innovation and firm size in manufacturing [J]. Technovation,7(3):197-210.

AHUJA G,KATILA R,2004. Where do resources come from? the role of idiosyncratic situations[J]. Strategic management journal,25(8-9):887-907.

AHUJA G,2000a.The duality of collaboration:Inducements and opportunities in the formation of interfirm linkages [J]. Strategic management journal, 21 (3): 317-343.

AHUJA G, 2000b. Collaboration networks, structural holes and innovation: a longitudinal study[J]. Administrative science quarterly, 45(3):425-455.

ALDRICH H E, FIOL C M, 1994. Fools rush in? the institutional context of industry creation[J]. Academy of management review, 19(4):645-670.

ALI A, 2010. Pioneering versus incremental innovation: review and research propositions[J]. Journal of product innovation management, 11(1):46-61.

ALLEE V, TAUG J, 2006. Collaboration, innovation and value creation in a global telecom[J]. Learning organization, 13(6):569-578.

ALLEE V, 2008. Value network analysis and value conversion of tangible and intangible assets[J]. Journal of intellectual capital, 9(1):5-24.

ANDERSON J C, GERBING D W, 1998. Structural equation modeling in practice: a review and recommended two-step approach [J]. Psychological bulletin, 103(3):411-423.

ANDERSSON U, FORSGREN M, HOLM U, 2002. The strategic impact of external networks: subsidiary performance and competence development in the multinational corporation[J]. Strategic management journal, 23(11):979-996.

ARUNDEL A, KABLA I, 1998. What percentages of innovations are patented? empirical estimates for European firms[J]. Research policy, 27(2):127-141.

ASHFORTH B E, GIBBS D W, 1990. The double-edge of organizational legitimation[J]. Organization science, 1(2):177-194.

BARBER B, 1995. All economies are embedded: the career of a concept, and beyond[J]. Social research, 62(2):387-413.

BARNEY J B, WRIGHT P M, 1998. On becoming a strategic partner: the role of human resources in gaining competitive advantage [J]. Human resource management, 37(1):31-46.

BARNEY J B, 1997. Gaining and sustaining competitive advantage [M].

MA:Addision-Wesley Publishing Company.

BARNEY J B, 1991. Firm resources and sustained competitive advantage [J]. Journal of management, 17(1):99-120.

BANDALOS D L, 2002. The effect of item parceling on goodness-of-fit and parameter estimate bias in structural equation modeling [J]. Structural equation modeling, 9(1):78-102.

BATJARGAL B, LIU M, 2004. Entrepreneurs' access to private equity in China:the role of social capital [J]. Organization science, 15(2):159-172.

BAUM JAC, OLIVER C, 1991. Institutional linkages and organizational mortality [J]. Administrative science quarterly, 36(2):187-218.

BITEKTINE A, 2011. Toward a theory of social judgment of organizations: the case of legitimacy, reputation and status [J]. Academy of management review, 36(1):151-179.

BOLLEN K A, LONG J S, 1993. Testing structural equation models [J]. Bms bulletin of sociological methodology, 69(39):66-67.

BOURDIEU P, 1986. The forms of capital [A]// Richardson J G (ed.), Handbook of Theory and Research for the Sociology of Education [C]. Westport, CT:Greenwood Press.

BOWER J L, CHRISTENSEN C M, 1995. Disruptive technologies:catching the wave [J]. Harvard business review, 73(1):43-53.

BROUWER E, KLEINKNECHT A, 1999. Innovative output, and a firm's propensity to patent:an exploration of CIS micro data [J]. Research policy, 28(6):615-624.

BURT R S, RONCHI D, 1994. Measuring a large network quickly [J]. Social networks, 16(2):91-135.

BURT R S, 1992. Structural holes:the social structure of competition [M]. Cambridge, MA:Harvard University Press.

CAPALDO A, 2007. Network structure and innovation:the leveraging of a dual network as a distinctive relational capability [J]. Strategic management journal,28(4):585-608.

CERTO S T, HODGE F, 2007. Top management team prestige and organizational legitimacy:an examination of investor perceptions[J]. Journal of managerial issues,19(4):461-477.

CHANDY R K,TELLIS G J,2000. The incumbent's curse? incumbency, size and radical product innovation[J]. Journal of marketing,64(3):1-17.

CHANDY R K,TELLIS G J,1998. Organizing for radical product innovation [J]. Journal of marketing research,35(4):474-487.

CHILD D, 1990. The essentials of factor analysis [M]. London: Cassel Educational Limited.

CHILES T H,MCMACKIN J F,1996. Integrating variable risk preferences, trust,and transaction cost economics[J]. Academy of management review,21 (1):73-99.

CHURCHILL G, 1979. A paradigm for developing better measures of marketing constructs[J]. Journal of marketing research,16(1):64-73.

COHEN W M, LEVINTHAL D A, 1997. Reply to comments on fortune favors the prepared firm[J]. Management science,43(10):1463-1468.

COLEMAN J S,1988. Social capital in the creation of human capital[J]. American journal of sociology,94(Supplement):95-120.

CONNER K R, 1991. A historical comparison of resouree-based theory and five schools of thought within industrial organization economies:do we have a new theory of the firm?[J]. Joumal of management,17(1):121-154.

COOPER R G, KLEINSCHMIDT E J, 1996. Winning businesses in product development:the critical success factors[J]. Research-technology management,50 (4):52-66.

DACIN M T, BEAL B D, VENTRESCA M J, 1999. The embeddedness of organizations:dialogue & directions[J]. Journal of management,25(3):317-356.

DACIN M T,OLIVER C,ROY J,2007. The legitimacy of strategic alliances:an institutional perspective[J]. Strategic management journal,28(2):169-187.

D'AUNNO T,SUTTON R I,PRICE R H,1991. Isomorphism and external support in conflicting institutional environments: a study of drug abuse treatment units[J]. Academy of management journal,34(3):636-661.

DAY G S, WENSLEY R, 1988. Assessing advantage: a framework for diagnosing competitive superiority[J]. Journal of marketing,52(2):1-20.

DEBRESSON C, 2004. Inter-firm collaboration, learning & networks: an integrated approach[J]. Research policy,33(8):1248-1250.

DEEDS D L,MANG P Y,FRANDSEN M L,2004. The influence of firms' and industries' legitimacy on the flow of capital into high-technology ventures [J]. Strategic organization,2(1):9-34.

DEEPHOUSE D L, 1996. Does isomorphism legitimate [J]. Academy of management journal,39(4):1024-1039.

BRINKERHOFF D W, 2005. Organizational legitimacy, capacity and capacity development [C]. Public Management Research Association 8th Research Conference,University of Southern California,21(3):85-90.

DESS G, BEARD D W, 1984. Dimensions of organizational task environments[J].Administrative science quarterly,29(1):52-73.

DIMAGGIO P J,POWELL W W, 1983. The iron cage revisited: institutional isomorphism and collective rationality in organizational fields [J]. American sociological review,48(2):147-160.

DING L,VELICER W F,HARLOW L L,1995. Effects of estimation methods, number of indicators per factor, and improper solutions on structural equation modeling fit indices[J]. Structural equation modeling a multidisciplinary journal, 2(2):119-143.

DOWLING J, PFEFFER J, 1975. Organizational legitimacy: social values and organizational behavior[J]. Pacific sociological review,18(1):122-136.

DUNN S C,SEAKER R F, WALLER M A, 1994. Latent variable in business logistics researeh: scale development and validation[J]. Journal of business logistics,15(2):145-172.

DYER J H, SINGH H, 1998. The relational view: cooperative strategy and sources of interorganizational competitive advantage [J]. Academy of management review, 23(4): 660–679.

DYER J H, 1996. Does governance matter? Keiretsu alliances and asset specificity as sources of Japanese competitive advantage [J]. Organization science, 7(6): 649–666.

DYER J H, NOBEOKA K, 2015. Creating and managing a high performance knowledge-sharing network: the Toyota case[J]. Strategic management journal, 21(3): 345–367.

ECHOLS A, TSAI W, 2005. Niche and performance: the moderating role of network embeddedness[J]. Strategic management journal, 26(3): 219–238.

EISENHARDT K M, 1989. Building theories from case study research[J]. Academy of management review, 14(4): 532–550.

EISENHARDT K M, GRAEBNER M E, 2007. Theory building from cases: opportunities and challenges[J]. Aeademy of management journal, 50(1): 25–32.

EISENHARDT K M, MARTIN J A, 2000. Dynamic capabilities: what are they?[J]. Strategic management journal, 21(10): 1105–1121.

EISINGERICH A B, BELL S J, TRACEY P, 2010. How can clusters sustain performance? the role of network strength, network openness, and environmental uncertainty[J]. Research policy, 39(2): 239–253.

ELFRING T, HULSINK W, 2003. Networks in entrepreneurship: the case of high-technology firms[J]. Small business economics, 21(4): 409–22.

ELSBACH K D, 1994. Managing organizational legitimacy in the California cattle industry: the construction and effectiveness of verbal accounts [J]. Administrative science quarterly, 39(1): 57–88.

EMPSON L, CHAPMAN C, 2006. Partnership versus corporation: implications of alternative forms of governance in professional service firms [J]. Research in the sociology of organizations, 24(6): 145–176.

FERRI P J, DEAKINS D, WHITTAM G, 2009. The measurement of social capital in the entrepreneurial context[J]. Journal of enterprising communities people & places in the global economy, 3(June): 138-151.

FLIGSTEIN N, 1985. The spread of the multidivisional form among large firms, 1919-1979[J]. Advances in strategic management, 50(3): 377-391.

FORSTENLECHNER I, MELLAHI K, 2010. Gaining legitimacy through hiring local workforce at a premium: the case of MNEs in the United Arab emirates[J]. Journal of world business, 46(4): 455-461.

FOWLER F J, 1988. Survey research methods[M]. Newbury Park, CA: Sage.

GHISELLI E E, CAMPBELL J P, ZEDECK S, 1981. Measurement theory for the behavioral sciences[M]. W.H.Freeman and Company.

GILSING V, NOOTEBOOM B, VANHAVERBEKE W, 2008. Network embeddedness and the exploration of novel technologies: technological distance, betweenness centrality and density[J]. Research policy, 37(10): 1717-1731.

GILSING V, NOOTEBOOM B, 2005. Density and strength of ties in innovation networks: an analysis of multimedia and biotechnology [J]. Europen management review, 2(3): 179-197.

GNYAWALI D R, MADHAVAN R, 2001. Cooperative networks and competitive dynamics: a structural embeddedness perspective [J]. Academy of management review, 26(3): 431-445.

GOLANT B D, SILLINCE J A A, 2007. The constitution of organizational legitimacy: a narrative perspective[J]. Organization studies, 28(8): 1149-1167.

GRANOVETTER M S, 1985. Economic action and social structure: the problem of embeddedness[J]. American journal of sociology, 91(3): 481-510.

GRANOVETTER M S, 1973. The strength of weak ties [J]. American journal of sociology, 78(6): 1360-1380.

GRANT R M, 1996. Toward a knowledge-based theory of the firm [J]. Strategic management journal, 17(S2): 109-122.

GRANT R M, 1991. The resource-based theory of competitive advantage: implications for strategy formulation [J]. California management review, 33 (1):114-135.

GULATI R, GARGIULO M, 1999. Where do interorganizational networks come from?[J]. American journal of sociology, 104(5):1439 - 1493.

GULATI R, 1995. Does familiarity breed trust? the implication of repeated ties for contractual choice in alliance[J]. Academy of management journal, b(38):85-112.

GULATI R, 1999. Network location and learning: the influence of network resources and firm capabilities on alliance formation [J]. Strategic management journal, 20(5):397-420.

GULATI R, 1998. Allianees and networks[J]. Strategic management joumal, 19(4):293-317.

GULATI R, L995. Social structure and alliance formation pattern: a longitudinal analysis[J]. Administrative science quarterly, 40(4):619-652.

GULATI R, NOHRIA N, ZAHEER A, 2000. Strategic networks[J]. Strategic management journal, 21(3):203-215.

GULATI R, SADLER A, 2002. Relational and market-based legitimation of internet IPOs[J]. Academy of management proceedings, 2002(1):Il-I6.

HABER S, REICHEL A, 2005. Physical design correlates of small ventures' profitability[J]. Annals of tourism research, 32(1):269-272.

HAGEDOORN J, CLOODT M, 2003. Measuring innovative performance: is there an advantage in using multiple indicators? [J]. Research policy, 32 (8):1365-1379.

HAGEDOORN J, 1993. Strategic technology alliances and modes of coorporation in high-technology industries [J]. Embedded firm on the socioeconomics of industrial networks, 116-137.

HAGEDOORN J, 2006. Understanding the cross-level embeddedness of interfirm partnership formation [J]. Academy management review, 31 (3):

670-680.

HAMEL G,PRAHALAD C K,1994. Competing for the future[M]. Boston: Harvard Business School Press.

HANSEN M T,1999. The search-transfer problem:the role of weak ties in sharing knowledge across organization subunits[J]. Administrative science quarterly,44(1):82-111.

HARGADON A B,DOUGLAS Y,2001. When innovations meet institutions: edison and the design of the electric light[J]. Administrative science quarterly,46(3):476-501.

HATCH M J,SCHULTZ M,1997. Relations between organizational culture, identity and image[J]. European journal of marketing,31(5/6):356-365.

HENDERSON R, CLARK K, 1990. Architectural innovation: the reconfiguration of existing product technologies and the failure of established firms[J]. Administrative science quarterly,35(1):1-30.

HEWITT D N,ROPER S,2000. Strategic re-engineering small firm tactics in a mature industry[M]. Northern Ireland Economic Research Centre and CAM Benchmarking Ltd,284-296.

HILLMAN A, WITHERS M, COLLINS B, 2009. Resource dependence theory:a review[J]. Journal of management,35(6):1404-1427.

HOGAN R, CURPHY G J, HOGAN J, 1994. What we know about leadership:effectiveness and personality[J]. American psychologist,49(6): 493-504.

HOSSAIN L, 2009. Effect of organizational position and network centrality on project coordination[J]. International journal of project management,27 (7):680-689.

HOWITT P, AGHION P, 1998. Capital accumulation and innovation as complementary factors in long-run growth[J]. Journal of economic growth,3 (2):111-130.

HUGGINS R,2010. Network resources and knowledge alliances:sociological perspectives on interfirm networks as innovation facilitators [J]. International journal of sociology and social policy,30(9/10):515-531.

HULT G T M,KETCHEN D J,ARRFELT M,2007. Strategic supply chain management: improving performance through a culture of competitiveness and knowledge development[J]. Strategic management journal,28(10):1035-1052.

INKPEN A C, TSANG E W K, 2005. Social Capital, networks, and knowledge transfer[J]. Academy of management review,30(1):146-165.

IZQUIERDO L, HANNEMAN R, 2006. Introduction to the formal analysis of social networks using mathematica[M]. 2nd ed.

JOHNSON C,DOWD T J,RIDGEWAY C L,2006. Legitimacy as a social process[J]. Annual review of sociology,32(1):53-78.

KATILA R, AHUJA G, 2002. Something old, something new: a longitudinal study of search behavior and new product introduction [J]. Academy of management journal,45(6):1183-1194.

KOBERG C S,DETIENNE D R,HEPPARD K A,2003. An empirical test of environmental, organizational, and process factors affecting incremental and radical innovation[J]. Journal of high technology management research, 14(1):21-45.

KOGUT B, ZANDER U, 1992. Knowledge of the firm, combinative capabilities,and the replication of technology[J]. Social science electronic publishing,37(7):17-35.

KOGUT B, ZANDER U, 1996. What firms do? coordination, identity, and learning[J]. Organization science,7(5):502-518.

KOGUT B, 2000. The network as knowledge: generative rules and the emergence of structure[J]. Strategic magement journal,21(3):405-425.

KOTELNIKOV V, 2000. Radical innovation versus incremental innovation [M]. Boston:Harvard Business School Press.

KRAATZ M S, 1998. Learning by association? interorganizational networks and adaptation to environment change[J]. Academy of management journal, 41(6):621-643.

KRACKHARDT D, 1992. The strength of strong ties: the importance of philos in organizations [A]. Nohria N. & Eccles R. Networks and organizations: structure, form and action[C]. Boston, MA: Harvard University Press.

KRAUSE D R, HANDFIELD R B, TYLER B B, 2007. The relationships between supplier development, commitment, social capital accumulation and performance improvement[J]. Journal of operations management, 25(2):528-545.

LARSON A, 1992. Network dyads in entrepreneurial settings: a study of the governance of exchange relationships [J]. Administrative science quarterly, 37(1):76-104.

LAVIE D, 2006. The competitive advantage of interconnected firms: an extension of the resources-based view[J]. Academy of management review, 31(3):638-658.

LAVIE D, 2007. Alliance portfolios and firm performance: a study of value creation and appropriation in the US software industry [J]. Strategie management journal, 28(12):1187-1212.

LEIFER R, 2000. Radical innovation: how mature companies can outsmart upstars[M]. Boston: Harvard Business School Press.

LEIPONEN A, HELFAT C E, 2010. Innovation objectives, knowledge sources, and the benefits of breadth[J]. Strategic management journal, 31(2):224-236.

LEONARD-BARTON D, 1992. Core capabilities and core rigidities: a paradox in managing new Product development [J]. Strategic management journal, 13(1):111-125.

LEVIN D Z, CROSS R, 2004. The strength of weak ties you can trust: the mediating role of trust in effective knowledge transfer [J]. Management science, 50(11):1477-1490.

LIN J L, FANG S C, FANG S R, 2009. Network embeddedness and technology transfer performance in R&D consortia in Taiwan [J]. Technovation, 29(11): 763–774.

LIN N, 1990. Social resource and social mobility: a structure theory of status attainment [A]. Ronald Breiger. Social Mobility and Social Structure [C]. Cambridge, UK: Cambridge University Press.

LIPPMAN S A, RUMELT R P, 1982. Uncertain imitability: an analysis of interfirm differences in efficiency under competition [J]. Bell journal of economics, 13(2): 418–438.

LYNN G S, REILLY R R, AKGÜN A E, 2000. Knowledge management in new product teams: practices and outcomes [J]. IEEE transactions on engineering management, 47(2): 221–231.

LYNN G S, 2001. Marketing and discontinuous innovation: the probe and learn process[J]. California management review, 38(3): 8–37.

Mahoney J T, Pandian J R, 1992. The resource-based view with in the conversation of strategic management [J]. Strategic management journal, 13(5): 363–380.

MARCH J G, 1991. Exploration and exploitation in organizational learning [J]. Organization science, 2(1): 71–87.

MARSDEN P V, CAMPBELL K E, 1984. Measuring tie strength[J]. Social forces, 63(2): 482–501.

MARSDEN P V, 1981. Introducing influence processes into a system of collective decisions[J]. American journal of sociology, 86(6): 1203–1235.

MAURER J G, 1971. Readings in organizational theory: open system approaches[M]. New York: Random House.

MCEVILY B, MARCUS A, 2005. Embedded ties and the acquisition of competitive capabilities [J]. Strategic management journal, 26(11): 1033–1055.

MCEVILY B, ZAHEER A, 1999. Bridging ties: a source of firm

heterogeneity in competitive capabilities [J]. Strategic management journal, 20(12):1133-1156.

MEYER J W, ROWAN B, 1977. Institutional organizations: formal structure as myth and ceremony[J]. Social science electronic publishing, 83(2):340-363.

MILLER R, HOBDAY M, LEROUXDEMERS T, 1995. Innovation in complex systems industries: the case of flight simulation [J]. Industrial & corporate change, 4(2):363-400.

MILLER D, SHAMSIE J, 1996. The resource-based view of the firm in two environments: the Hollywood film studios from 1936 to 1965 [J]. Academy of management journal, 39(3):519-543.

MOORMAN C, MINER A S, 1997. The impact of organizational memory on new product performance and creativity[J]. Journal of marketing research, 34(1):91-106.

MORAN P, 2005. Structural vs. relational embeddedness: social capital and managerial performance [J]. Strategic management journal, 26 (12): 1129-1151.

MOWERY D C, OXLEY J E, SILVERMAN B S, 1996. Strategic alliances and interfirm knowledge transfer [J]. Strategic management journal, 17 (winter):77-91.

NAHAPIET J, GHOSHAL S, 1998. Social capital, intellectual capital and the organisational advantage [J]. Academy of management review, 23 (2): 242-266

NASSER F, TAKAHASHI T, 2003. The effect of using item parcels on ad hoc goodness-of-fit indexes in confirmatory factor analysis: an example using sarason's reaction to test [J]. Applied Measurement in Education, 16 (1):75-97.

NONAKA I. 1994. A dynamic theory of organizational knowledge creation [J]. Organization science, 5(1):14-37.

NONAKA I, 1995. The knowledge creating company[M]. New York: Oxford University Press.

NUMALLY J, 1978. Psychometric theory[M]. 2nd ed. New York: McGraw-Hill, 25-56.

O'HAGAN S B, GREENM B, 2004. Corporate knowledge transfer via interlocking directorates: a network analysis approach[J]. Geoforum, 35(1): 127 -139.

OLIVER B, 2002. Tacit knowledge and environmental management [J]. Long range planning, 35(3): 291-317.

OLIVER C, 1991. Strategic responses to institutional processes [J]. Academy of management review, 16(1): 145-179.

OWEN-SMITH J, POWELL W W, 2004. Knowledge networks as channels and conduits: the effects of spillovers in the Boston biotechnology community[M]. INFORMS, 15(1): 5-21.

PARK S H, UNGSON G R, 1997. The effect of national culture, organizational complementarity, and economic motivation on joint venture dissolution[J]. Academy of management journal, 40(2): 279-307.

PARSONS T, 1960.Structure and process in modern societies[M]. Glencoe, IL: Free Press.

PENROSE E T, 1959.The theory of growth of the firm[M]. New York, NY: Wiley.

PERROW C, 1961. The analysis of goals in complex organizations [J]. American sociological review, 26(6): 854-866.

PETER J, BATT, 2008. Building social capital in networks[J]. Industrial marketing management, 37(5): 487-491.

PETERAF M A, 1993. The cornerstones of competitive advantage: a resource-based view[J]. Strategic management journal, 14(3): 179-191.

PETERAF M, SHANLEY M, 1997. Getting to know you: a theory of strategic group identity[J]. Strategic management journal, 18(9): 165-186.

PFEFFER J. 1981. Power in organizations[M],Marshfield,Mass:Pitman.

PFEFFER J,SALANCIK G R,1978. The external control of organizations:a resource dependence perspective[M]. New York:Harper & Row.

POLANYI K. 1944. The great transformation:the political and economic origins of our time[M]. Boston:Beacon Press.

POLANYI M,1966. The logic of tacit inference[J]. Philosophy,41(155):1–18.

PORTER M,2000. Locations,clusters and company strategy [M]. Oxford Handbook of Economic Geography. Oxford:Oxford University Press,253–274.

PORTES A,SENSENBRENNER J,1993. Embeddedness and immigration:notes on social determinants of economic action[J]. American journal of sociology,98(6):1320–1350.

PORTES A,1998. Social capital:its origins and applications in modern sociology[J]. Annual review of sociology,24(1):1–24.

POWELL W W,KOPUT K W,SMITH–DOERR L,1996. Interorganizatinnal collahoration and the locus of innovation:networks of learning in biotechnology[J]. Administrative science quarterly,41(1):116–145.

POWELL W W,1998. Learning from collaboration:knowledge and networks in the biotechnology and pharmaceutical industries [J]. California management review,40(3):228–240.

PRAHALAD C K,HAMEL G,1990. The core competence of the corporation[J]. Harvard business review,68(3):79–90.

PRIEM R L,BUTLER J E,2001. Tautology in the resource–based view and the implications of externally determined resource value:further comments[J]. Academy of management review,26(1):57–66.

PUTNAM R,1993. The prosperous community:social capital and public life [J]. American prospect,13(13):35–42.

QUIMENT,LANDRY R,AMARA N,2007. Network positions and radical Innovation:a social network analysis of the Quebec optics and photonics clusters [J]. International journal of enterpreneurship and innovation management, 7(2):189-202.

RAO R S, CHANDY R K, PRABHU J C, 2008. The fruits of legitimacy: why some new ventures gain more from innovation than others [J]. Journal of marketing, 72(4):58-75.

RITTER T, 1999. The networking company: antecedents for coping with relationships and networks effectively [J]. Industrial marketing management, 28(5):467-479.

ROCHFORD L, RUDELIUS W, 1997. New product development process: stages and successes in the medical products industry [J]. Industrial marketing management, 26(1):67-84.

ROGERS W M, SCHMITT N, 2004. Parameter recovery and model fit using multidimensional composites: a comparison of four empirical parceling algorithms [J]. Multivariate behavioral research, 39(3):379-412.

ROWLEY T, BEHRENS D, KRACKHARDT D, 2000. Redundant governance structures: an analysis of structural and relational embeddedness in the steel and semiconductor industries [J]. Strategic management journal, 21(3): 369-386.

RUEF M, SCOTT W R, 1998. A multidimensional model of organizational legitimacy: hospital survival in changing institutional environments [J]. Administrative science quarterly, 43(4):877-904.

RUMELT R P, 1984. Toward a strategic theory of the firm [J].//Lamb R.B. (Ed) Competitive Strategic Management. Prentice-Hall, Englewood Cliffs, NJ, 556-570.

SCOTT W R, 2001. Institutions and organizations [M]. 2nd ed. Thousand Oaks, CA: Sage.

SCOTT W R, 1995. Institutions and organizations [M]. Thousand Oaks, CA: Sage.

SCOTT W R, 1992. Organizations: rational, natural and open systems [M].

3rd ed. Englewood Cliffs,NJ,Prentice Hall.

SCOTT W,JOHN MEYER,1983. The organization of societal sectors[R].// Meyer J,Scott W.(Eds.),Organization Environments:Ritual and Rationality. Sage,Beverly Hills.

SCOTT W R, 2003. Organizations: rational, natural and open systems[M]. 5th ed. Upper Saddle Riyer,NJ:Prentice-Hall.

SHAN W,WALKER G,KOGUT B,1994. Interfirm cooperation and startup innovation in the biotechnology industry[J]. Strategic management journal, 15(5):387-394.

SILVERMAN D,1971.The theory of organizations:a sociological framework [M]. New York:Basic Books.

SIMSEK Z,LUBATKIN M H,FLOYD S W,2003. Inter-firm networks and entrepreneurial behavior: a structural embeddedness perspective[J]. Journal of management,29(3):427-442.

SINGH J V,TUCKER D J,HOUSE R J,1986.Organizational legitimacy and the liability of newness[J]. Administrative science quarterly,31(2):171-193.

SIRMON D G,HITT M A,IRELAND R D,2007.Managing firm resources in dynamic environments to create value:looking inside the black box[J]. Academy of management review,32(1):273-292.

SONG M,DI B A,2008. Supplier's involvement and success of radical new product development in new ventures[J]. Journal of the operations management,26(4):1-22.

SOUITARIS V,2001. External communication determinants of innovation in the context of a newly industrialized country: a comparison of objective perceptual results from Greece[J]. Technovation,21(1):25-34.

SPENDER J C,1996. Making knowledge the basis of dynamic theory of the firm[J]. Strategic management journal,17(1):45-62.

SPENDER J C,GRANT R M,1996. Knowledge and the firm:overview[J].

Strategic management journal, 17(S2):3-9.

STINCHCOMBE A L, 1965. Organizations and social structure [R]. In James G March(Ed.). Handbook of Organizations:140-200. Chicago:Rand-McNally.

SUCHMAN M C, 1995. Managing legitimacy: Strategic and institutional approach[J]. Academy of management review,20(3):571-610.

TEECE D L, PISANO G, SHUEN A, 1997. Dynamic capabilities and strategic management[J]. Strategic management journal,18(7):509-533.

TELLIS G, PRABHU J, CHANDY R, 2009. Radical innovation across action:the preeminence of corporate culture[J]. Journal of marketing,73(1):3-23.

THORNHILL S, 2006. Knowledge, innovation and firm performance in high- and low-technology regimes[J]. Journal of business venturing,21(5):687-703.

TORNIKOSKI E T, NEWBERT S L, 2007. Exploring the determinants of organizational emergence: a legitimacy perspective [J]. Journal of business venturing,22(2):311-335.

TOST L P, 2011. An integrative model of legitimacy judgments [J]. Academy of management review,36(4):686-710.

TSAI W, 2001. Knowledge transfer in intra-organizational networks:effects of network position and absorptive capacity on business unit innovation and performance[J]. Academy of management journal,44(5):996-1004.

TSAI W, GHOSHAL S, 1998. Social capital and value creation:the role of intrafirm networks[J]. Academy of management journal,41(4):464-476

TUSHMAN M, ANDERSON P, 1986. Technological discontinuities and organizational environments[J]. Administrative science quarterly,31(3):439-465.

TUSHMAN M, O'REILLY C, 1997. Winning through innovation:a practical guide to leading organizational change and renewal [M]. Boston: Harvard

University Press.

UTTERBACK J M, 1994. Mastering the dynamics of innovation: how companies can seize opportunities in the face of technological change[M]. Boston, MA: Harvard Business School Press.

UZZI B, 1997. Social structure and competition in interfirm network: the paradox of embeddedness[J]. Administrative science quarterly, 42(1): 35-67.

UZZI B, 1996. The source and consequences of embeddedness for the economic performance of organizations: The network effect [J]. American sociological review, 61(4): 674-698.

VAN D A W, ELFRING T, 2002. Realizing innovation in services [J]. Scandinavian journal of management, 18(2): 155-171.

WEBER M, 1958. The Protestant ethic and the spirit of capitalism. scribners[M]. New York.

WELCH C, WILKINSON I, 2005. Network perspectives on interfirm conflict: reassessing a critical case in international business[J]. Journal of business research, 58(2): 205-213.

WERNERFELT B, 1984. A resource-based view of the firm[J]. Strategic management journal, 5(2): 171-180.

WESTPHAL J D, SHORTELL S M, 1997. Customization or conformity: an institutional perspective on the content and consequences of TQM adoption [J]. Administrative science quarterly, 42(2): 366-394.

WHITE H, 1981. Where do markets come from[J]. American journal of sociology, 87(3): 517-547.

WONG A, TJOSVOLD D, YU Z Y, 2005. Organizational partnerships in China: self-interest, goal interdependence, and opportunism [J]. Journal of applied psychology, 90(4): 782-91.

YAN A, GRAY B, 1994. Bargaining power, management control and performance in United States-China joint ventures: a comparative case study [J]. Academy of management journal, 37(6): 1478-2517.

YIN R K, 2003. Case study research: design and methods [M] : Sage Publications Inc.

ZANDER U, KOGUT B, 1995. Knowledge and the speed of the transfer and imitation of organizational capabilities: an empirical test [J]. Organization science, 6(1):76-92.

ZHOU K, YIM C, TSE D, 2005. The effects of strategic orientations on technology and market-based break-through innovations [J]. Journal of marketing, 69(2):42-60.

ZIMMERMAN M A, ZEITZ G J, 2002. Beyond survival: achieving new venture growth by building legitimacy[J]. Academy of management review, 27(3):414-431.

ZOTT C, HUY Q N, 2007. How entrepreneurs use symbolic management to acquire resources[J]. Administrative science quarterly, 52(1):70-105.

ZUCKER L G, 1977. The role of institutionalization in cultural persistence: no legitimacy, no history[J]. American sociological review, 42(5):726-743.

ZUCKER L G, 1987. Institutional theories of organization [J]. Annual review of sociology, 13(13):443-464.

ZUCKER L G, 1983. Organizations as institutions [J]. Research in the sociology of organization, 2(5):44-45.

ZUKIN S, DIMAGGIO P, 1990. Structures of capital: the social organization of the economy[M]. Oxford: Cambridge University Press.

附录一：访谈提纲

调研和访谈活动围绕以下几个方面展开，并根据实际情况展开互动。

一、请您简要介绍贵公司的基本情况

1. 贵公司成立于何时？目前员工总数是多少？

2. 贵公司的主营业务是什么？所属行业概况怎样？

3. 贵公司近两年的销售额和资产状况如何？

4. 贵公司的创新技术发展和新产品开发目前处于业内何种水平？

二、请您谈谈贵公司在实施创新过程中与外界联系互动的情况

1. 贵公司在开展创新过程中会与哪些外部成员进行互动与合作？这些成员的数量或规模程度怎样？

2. 贵公司在开展创新过程中与外部成员间的互动关系如何？具体体现在哪些方面？

3. 贵公司的创新理念及行为如何得到外界的认可和支持？具体体现在哪些方面？

4. 贵公司在开展创新过程中需要哪些创新资源？贵公司如何从外部获取这些创新所需资源？

三、请您谈谈与外界的联系合作关系对贵公司创新结果的影响

1. 与同行相比,贵公司的创新发展水平如何？

2. 贵公司的创新产出(新产品或新服务开发成功率、专利数等)情况如何？

3. 贵公司实施创新的盈利(销售额、利润等)能力如何？

网络嵌入与突破性创新绩效关系研究调查问卷

尊敬的先生/女士：

您好！首先，非常感谢您在百忙之中抽出时间填写这份问卷！本问卷是浙江工商大学技术与服务管理研究中心课题组开展的一项调查研究。本问卷填答约需15分钟，对每一个问题，请您根据贵公司的实际情况，选择一个最能反映您的观点的选项，并在相应的数字上打"√"，答案没有好坏对错之分，您的真实想法就是对我们研究的莫大帮助，请您不要遗漏任何一题，以保持这份问卷的完整性，使本问卷能充分反映贵企业的真实情况。

本研究采取匿名的方式进行，内容不会涉及贵公司的商业机密问题。我们承诺，所得信息仅供学术研究之用，绝不会用于任何商业目的，对您所提供的信息将绝对保密，请您放心并尽可能客观回答。最后，请接受我们对您最诚挚的谢意，我们的研究成果将有您的一份宝贵贡献，祝您事业顺利，家庭幸福!

第一部分:企业基本情况(仅用于统计目的)

1. 贵企业名称为_____(请填写)

(以下问题请在合适的选项前的□中打"√")

2. 贵企业的成立年限为(截至2014年):

□1—2年　　□3—5年　　□6—10年　　□11—15年　　□15年以上

3. 贵企业性质属于:

□国有　　□民营　　□合资　　□独资　　□其他_____(请具体说明)

4. 贵企业2014年年底员工总人数约为:

□50—100人　　　　□101—500人　　　　　□501—1 000人

□1 001—2000人　　□2 001—3 000人　　　□3 000人以上

5. 贵企业2014年销售总额人约为:

□500万元以下　　　　□500万—1 000万元　　□1 001万—4 000万元

□4 001万—1亿元　　　□1亿以上—4亿元　　　□4亿元以上

6. 贵企业所属行业领域:

制造行业(□机电;□化工;□材料;□纺织;□建筑;□食品饮料;□医药;□汽配;□其他_____)

服务行业(□商业;□贸易;□电信;□金融;□咨询;□软件;□餐饮;□房地产;□其他_____)

第二部分　问卷正文

填写说明:

(1)题项中 1—7 的数值表示从"不同意"向"同意"依次渐进(如下所示)。数值不代表分值,仅指不同意或同意的程度,请在相应的框内的数字上打"√",若您是在电脑上填写,请您在对应的数字上将其标红。

完全不同意　　不同意　　有点不同意　　不能确定　　有点同意　　同意　　完全同意

1　　　　2　　　　3　　　　4　　　　5　　　　6　　　　7

(2)请您根据贵公司实际情况,以及您在一般情形下所持有的最直接的观念、感觉来回答,不需要考虑太久。这不是测验,没有对错之分,也没有标准答案。您只需要客观地做出选择,请您不要都打一样的分,也不要遗漏某些题项。

请您开始作答下列问题!

Part 1:

问题	完全不同意 ←——→ 完全同意						
本公司的客户很多	1	2	3	4	5	6	7
本公司的供应商很多	1	2	3	4	5	6	7
本公司与很多同业企业有联系	1	2	3	4	5	6	7
本公司与很多其他企业(除客户、供应商和同业企业以外)有联系	1	2	3	4	5	6	7
本公司与很多政府机构、行业协会有联系	1	2	3	4	5	6	7
本公司与很多中介机构有联系	1	2	3	4	5	6	7
本公司与很多高校、科研机构有联系	1	2	3	4	5	6	7
本公司与很多金融机构有联系	1	2	3	4	5	6	7
本公司与很多投资机构有联系	1	2	3	4	5	6	7

Part 2:

问题	完全不同意 ←——→ 完全同意						
本公司与客户的联系很频繁	1	2	3	4	5	6	7
本公司与供应商的联系很频繁	1	2	3	4	5	6	7
本公司与同业企业的联系很频繁	1	2	3	4	5	6	7
本公司与其他企业(除客户、供应商和同业企业外)的联系很频繁	1	2	3	4	5	6	7
本公司与政府部门、行业协会的联系很频繁	1	2	3	4	5	6	7
本公司与中介机构的联系很频繁	1	2	3	4	5	6	7
本公司与高校、科研机构的联系很频繁	1	2	3	4	5	6	7
本公司与金融机构的联系很频繁	1	2	3	4	5	6	7
本公司与投资机构的联系很频繁	1	2	3	4	5	6	7

Part 3：

问题	完全不同意 ←——→ 完全同意						
本公司的客户大都是老客户	1	2	3	4	5	6	7
本公司与供应商大都维持长期合作	1	2	3	4	5	6	7
本公司与同业企业的联系很持久	1	2	3	4	5	6	7
本公司与其他企业(除客户、供应商和同业企业外)的联系很持久	1	2	3	4	5	6	7
本公司与政府部门、行业协会的联系很持久	1	2	3	4	5	6	7
本公司与中介机构的联系很持久	1	2	3	4	5	6	7
本公司与高校、科研机构的联系很持久	1	2	3	4	5	6	7
本公司与金融机构的联系很持久	1	2	3	4	5	6	7
本公司与投资机构的联系很持久	1	2	3	4	5	6	7

Part 4：

问题	完全不同意 ←——→ 完全同意						
本公司与客户之间有交流沟通的共同语言	1	2	3	4	5	6	7
本公司与供应商之间有交流沟通的共同语言	1	2	3	4	5	6	7
本公司与同业企业有交流沟通的共同语言	1	2	3	4	5	6	7
本公司与其他企业(除客户、供应商和同业企业外)有交流沟通的共同语言	1	2	3	4	5	6	7
本公司与政府部门、行业协会有交流沟通的共同语言	1	2	3	4	5	6	7
本公司与中介机构有交流沟通的共同语言	1	2	3	4	5	6	7
本公司与高校、科研机构有交流沟通的共同语言	1	2	3	4	5	6	7
本公司与金融机构有交流沟通的共同语言	1	2	3	4	5	6	7
本公司与投资机构有交流沟通的共同语言	1	2	3	4	5	6	7

Part 5：

问题	完全不同意 ←——→ 完全同意						
本公司与客户彼此很信任	1	2	3	4	5	6	7
本公司与供应商彼此很信任	1	2	3	4	5	6	7
本公司与同业企业彼此很信任	1	2	3	4	5	6	7
本公司与其他企业(除客户、供应商和同业企业外)彼此很信任	1	2	3	4	5	6	7
本公司与政府部门、行业协会彼此很信任	1	2	3	4	5	6	7
本公司与中介机构彼此很信任	1	2	3	4	5	6	7
本公司与高校、科研机构彼此很信任	1	2	3	4	5	6	7
本公司与金融机构彼此很信任	1	2	3	4	5	6	7
本公司与投资机构彼此很信任	1	2	3	4	5	6	7

Part 6：

问题	完全不同意 ←——→ 完全同意						
本公司与客户有相似的价值观	1	2	3	4	5	6	7
本公司与供应商有相似的价值观	1	2	3	4	5	6	7
本公司与同业企业有相似的价值观	1	2	3	4	5	6	7
本公司与其他企业(除客户、供应商和同业企业外)有相似的价值观	1	2	3	4	5	6	7
本公司与政府部门、行业协会有相似的价值观	1	2	3	4	5	6	7
本公司与中介机构有相似的价值观	1	2	3	4	5	6	7
本公司与高校、科研机构有相似的价值观	1	2	3	4	5	6	7
本公司与金融机构有相似的价值观	1	2	3	4	5	6	7
本公司与投资机构有相似的价值观	1	2	3	4	5	6	7

Part 7：

问题	完全不同意 ←——→ 完全同意						
本公司的新产品或新服务符合利益相关者的预期	1	2	3	4	5	6	7
本公司会让各方利益相关者参与创新过程	1	2	3	4	5	6	7
本公司会采纳各方利益相关者所提出的合理意见或建议	1	2	3	4	5	6	7
从社会价值观来看,本公司推出的新产品或新服务很受社会欢迎	1	2	3	4	5	6	7
从社会价值观来看,本公司进行产品或服务创新的过程是恰当的	1	2	3	4	5	6	7
从社会价值观来看,本公司进行产品或服务创新的技术是合适的	1	2	3	4	5	6	7
从社会价值观来看,本公司的创新组织建构是恰当的	1	2	3	4	5	6	7
从社会价值观来看,本公司领导人的管理风格和员工行为是恰当的	1	2	3	4	5	6	7
社会公众普遍认为,本公司的创新行为是可理解的	1	2	3	4	5	6	7
社会公众普遍认为,本公司创新是理所当然的、可接受的	1	2	3	4	5	6	7
社会公众普遍认为,本公司的创新是有意义的	1	2	3	4	5	6	7

Part 8：

问题	完全不同意 ←——→ 完全同意						
本公司能从外部获取市场需求信息	1	2	3	4	5	6	7
本公司能从外部获取技术信息	1	2	3	4	5	6	7
本公司能获取政府的政策信息	1	2	3	4	5	6	7

问题	完全不同意 ←——→ 完全同意						
本公司能获取市场开发方面的知识	1	2	3	4	5	6	7
本公司能从外部获取技术研发方面的知识	1	2	3	4	5	6	7
本公司能获取外部的创新管理知识	1	2	3	4	5	6	7
本公司能得到政府的资金资助或税收优惠	1	2	3	4	5	6	7
本公司能得到金融机构的支持	1	2	3	4	5	6	7
本公司能得到风险投资机构的支持	1	2	3	4	5	6	7

Part 9：

问题	完全不同意 ←——→ 完全同意						
企业往来的对象在建立联系时,很多要通过本公司从中牵线	1	2	3	4	5	6	7
其他企业容易与本公司建立联系	1	2	3	4	5	6	7
本公司能获得一些其他企业难以获得的资源	1	2	3	4	5	6	7
本公司在行业中的声誉很好	1	2	3	4	5	6	7
本公司在当地有很大的影响力	1	2	3	4	5	6	7

Part 10：

问题	完全不同意 ←——→ 完全同意						
相比于同行业其他企业,与本公司联系的客户更多	1	2	3	4	5	6	7
相比于同行业其他企业,与本公司联系的供应商更多	1	2	3	4	5	6	7
相比于同行业其他企业,与本公司联系的同业企业更多	1	2	3	4	5	6	7
相比于同行业其他企业,与本公司联系的其他企业(除客户、供应商和同业企业外)更多	1	2	3	4	5	6	7
相比于同行业其他企业,与本公司联系的政府机构、行业协会更多	1	2	3	4	5	6	7

续　表

问题	完全不同意 ←——→ 完全同意						
相比于同行业其他企业，与本公司联系的中介机构更多	1	2	3	4	5	6	7
相比于同行业其他企业，与本公司联系的高校、科研机构更多	1	2	3	4	5	6	7
相比于同行业其他企业，与本公司联系的金融机构更多	1	2	3	4	5	6	7
相比于同行业其他企业，与本公司联系的投资机构更多	1	2	3	4	5	6	7

Part 11：

问题	完全不同意 ←——→ 完全同意						
本公司能够不断地推出全新的产品或服务	1	2	3	4	5	6	7
本公司开发全新产品或服务的周期不断缩短	1	2	3	4	5	6	7
本公司开发全新产品或服务的费用在不断降低	1	2	3	4	5	6	7
本公司能够不断开拓新的市场	1	2	3	4	5	6	7
本公司推出的全新产品或服务拥有较高的市场美誉度	1	2	3	4	5	6	7
本公司推出的全新产品或服务提升了公司的品牌形象	1	2	3	4	5	6	7
本公司推出的全新产品或服务极大地提高了公司销售额	1	2	3	4	5	6	7
本公司推出的全新产品或服务极大地提高了公司利润	1	2	3	4	5	6	7

问卷结束，请您检查答题有无遗漏，再次衷心感谢您的合作和支持！

致　谢

时光飞逝,岁月如梭。值本书付梓之际,蓦然回首数载的博士求学生涯,内心深处的感激之情难以言表,此时此刻满怀一颗感恩的心,向所有关心、帮助和支持我的人致以最诚挚的谢意。

敬谢老师:首先谨向恩师李靖华教授献上最诚挚的感谢! 在学术上,李老师以严谨的治学态度、深厚的学术造诣、广博的知识及独到的见解,为我的学业及学术研究提供了悉心的指导,让我的学术水平与科研能力迅速地得到了系统的提升,对于我的博士论文,从论文选题、模型构建、调研实证到修改完善等都倾注了大量心血。在生活上,李老师那种正直刚毅的人格魅力,严于律己、身正令行的作风,以及脚踏实地、淡泊从容、宁静志远的人生态度,深深地感染了我,教会我很多做人的道理,是我人生受之不尽的财富。

在此，还要感谢所在学术团队中的其他导师，尊敬的盛亚教授、韦影副教授、胡永铨副教授、吴义爽教授、徐蕾副教授等，在每周例会上都会就课题研究给予客观的点评意见，使我有幸在学术探索中得到我们团队集体智慧的指导，谨此深致忱谢！还要特别敬谢教育和培养我的浙江工商大学工商管理学院的全体教师和工作人员，感谢郝云宏教授、金杨华教授、项国鹏教授、范钧教授、胡峰教授、易开刚教授、肖亮教授、陈方根老师……在我博士学习期间给予我的教导和帮助。

感谢同门：徐海燕、黄秋波、沈玉燕、刘勇、林莉、曾锵、毛丽娜、吴俊杰、郑书莉、何东平、王节祥、贺锦江、陈剑平、李明贝、常晓然、马鑫、马丽亚、朱文娟、李宗乘、吴开嶂、沈夏燕、毛丽娜、徐漩、吕艳薇、宿惠芳、孔莎莎、周勇、杨虎、唐志新、叶浅吟……特别感谢他们在博士学习期间与我的讨论与给的建议，并在辛苦的求学路上陪伴和慰藉于我！尤其感谢吴俊杰博士、王节祥博士及贺锦江博士给我的论文提供了很多宝贵的意见。

还要感谢在本研究调研访谈和问卷收集的过程中给予了大力支持与配合的政府及企业界人士，他们的鼎力帮助让我得以获取第一手宝贵资料，这些资料是本书得以完成的重要基础。

感谢我亲爱的妻子，给予我最大的精神支持，默默分担家庭重任，照顾幼儿，解除了我的后顾之忧，使我能安心求学。感谢我的岳父岳母，感谢他们不辞劳苦来杭州帮我们料理家务，照顾外孙，正是有了他们的理解支持和无私关爱，使得我的博士梦想最终得以实现。感谢我可爱的儿子，他那纯真快乐的笑容是我生活与工作的不竭动力，看着他认真学习的样子，回顾我这些年在学业上的不断进取，希望我求学途中的领悟能对他将来的成长有所帮助。

最后,特别感谢浙江省高校人文社会科学重点研究基地(浙江工商大学工商管理学科)重大课题(JYTgs20141201)提供的研究和出版资助。也要感谢浙江工商大学出版社编辑谭娟娟女士,她的敬业精神是本书顺利出版的重要保证。

由于本人水平和时间有限,本书定有一些不足之处,欢迎读者指正和批评。

黄继生

2017年6月于杭州